La condition de la femme et l'histoire des
mouvements féministes aux États-Unis

Vol. 1

Thérèse Bentzon

La condition de la femme et l'histoire des mouvements féministes aux États-Unis

Volume 1

Editions Le Mono

Collection «*Les Pages de l'Histoire* »

Connaître le passé peut servir de guide au présent et à
l'avenir.

© Editions Le Mono, 2016

ISBN : 978-2-36659-222-1
EAN : 9782366592221

Thérèse Bentzon fut journaliste et romancière française dont les publications sur la vie des femmes aux Etats-Unis ont connu un grand succès littéraire. Ce livre est le résultat de ses articles publiés sous le titre *La Condition de la femme aux Etats-Unis*.

Chapitre I

Premières impressions : Les Clubs de femmes à Chicago

On a beaucoup écrit sur la femme aux États-Unis. M. de Varigny[1], dans une série d'études, a montré la source de son influence; il est remonté pour cela jusqu'au temps où les héroïques exilées arrivées sur le Mayfloyer aidèrent leurs pères et leurs maris à bâtir la cabane primitive qui allait servir à la fois d'école et de temple. Egales de l'homme, dès le début, elles lui sont devenues supérieures, semble-t-on dire, par la culture intellectuelle et raffinement. Tandis que le chef de la famille se donne tout entier aux affaires, elles personnifient auprès de lui, — ou loin de lui, car le ménage est souvent séparé, — l'élégance, le plaisir, le luxe. Nous connaissons ces Américaines-là pour les rencontrer à Paris, et ce sont elles qu'un premier coup d'œil nous fait remarquer à New York. Peut-être toutes les femmes à la mode, dont la vie oisive se dépense entre les grandes capitales, les villes d'eaux, les stations d'hiver et les plages amusantes, sont-elles taillées à peu près sur le même modèle. Sans réelle originalité, chacune d'elles représente cette société cosmopolite qui n'a point de patrie. Leur type essentiellement artificiel a été exploité

---

[1] C. de Varigny, *La femme aux États-Unis*, éd. Colin, 1893.

outre mesure dans le roman et au théâtre ; nous n'aurons pas à y revenir. Mais à côté des millionnaires et des beautés professionnelles, il y a en Amérique, comme ailleurs, une classe beaucoup plus nombreuse, dont on a moins parlé, celle qui équivaut à notre bourgeoisie haute et moyenne. Si l'on me fait observer que les classes n'existent pas dans la grande République, je répondrai que c'est là une erreur. Outre les distinctions brutales établies par le plus ou moins de dollars, on y découvre vite une infinité de nuances que créent l'origine, le milieu et l'éducation. Pour bien connaître l'Américaine, il ne faut pas s'en tenir à regarder telle ou telle étoile errante : il faut fréquenter la meilleure société de Boston, de New York, de Philadelphie ; il faut parcourir les États du

Sud tant éprouvés par la guerre; il faut pousser jusqu'aux fermes lointaines de l'Ouest ; il faut enfin chercher la femme aux coins si écartés les uns des autres de ce continent formé, — sans compter les territoires, — de quarante-quatre Etats dont nul n'est aussi petit que la Suisse, dont quelques-uns sont plus vastes que la France. Porter sur elle un jugement absolu sans cette enquête préalable est presque aussi absurde que d'apprécier à la légère l'Européenne. Les Américains du Nord et du Sud, de l'Est et de l'Ouest, n'ont en commun que certains traits qu'ils doivent à l'éducation publique et à l'habitude de la liberté. J'ai pensé que le meilleur moyen de souligner les différences serait de noter fidèlement mes observations faites au jour le jour durant un voyage de plusieurs mois, — observations de femme sur tout ce qui touche la condition des femmes.

Le moment est favorable puisque la grave question de l'extension du droit de suffrage à un sexe qui déjà possède tant de privilèges se discute plus que jamais devant la législature de l'Union. Depuis longtemps, on le sait, les femmes sont autorisées à voter dans le Wyoming; depuis 1889 elles ont obtenu dans le Kansas le droit de suffrage municipal; il en est de même, je crois, au Colorado; dans la moitié des autres Etats, elles donnent leurs voix pour tout ce qui concerne les écoles, l'instruction publique.

Maintenant il dépend de leur volonté d'avancer bien au delà. Imprudemment dirigée, la question des femmes pourrait devenir embarrassante au même degré que celle de l'immigration ou celle de la couleur, et si sage que l'on soit, on ne s'arrête guère en chemin ! Etudions-la donc au beau moment. Du reste les notes qui suivent, quoique prises à bâtons rompus, auront peut-être le mérite de jeter quelques lueurs sur la destinée future de notre vieux monde. Le nouveau lui a jadis emprunté beaucoup de bonnes choses; il lui en rend beaucoup d'autres où le bien et le mal sont étrangement mêlés.

I.
Types et Apparences

Sur le bateau qui me porte du Havre à New York, la société américaine se trouve représentée en abrégé, prêtant d'ailleurs à un grand nombre d'étonnements ou de méprises pour qui n'est point encore initié.

Groupe dédaigneux et fort élégant d'Américains anglomanes, de ces Américains dont leurs compatriotes disent qu'ils retroussent leurs pantalons sur le Broadway les jours de beau temps parce qu'il pleut à Londres. Copie servile des modes, de la démarche, des manières anglaises, tentatives plus ou moins heureuses de morgue et de hauteur isolement systématique qui sied aux représentants d'une aristocratie. Les femmes se promènent sur le pont en costumes de drap savamment coupés par le plus fameux tailleur de Londres, les mains dans les poches avec les façons cavalières d'une lady qui va visiter ses écuries avant de monter à cheval. Les jeunes gens ont tous la face scrupuleusement rasée ainsi qu'il sied à des *dudes*[2] de New York : ils condamnent leur physionomie à l'impassibilité, affectent l'argot de sport et un rire froid, saccadé, avec la prononciation des Anglais du bel air qui suppriment telle lettre en parlant, comme

---

[2] Variété du dandy.

la même coterie chez nous supprime sans pitié les liaisons. Je crois deviner que ces Américains-là n'ont jamais rien fait que dépenser sur le continent la fortune laborieusement acquise par leurs pères dans un commerce quelconque : mais on éclaire mon ignorance. Je suis ici devant le sang bleu le plus pur, devant des familles dites Knickerbocker. Cette grosse dame, par exemple, qui ne sort guère de sa cabine d'apparat, figure à New York parmi les Quatre Cents. C'est tout dire.

J'ai maintenant la mesure des divisions sociales qui existent au pays de l'égalité. Pour tenir tête à l'insolence de l'argent gagné d'un jour à l'autre, il faut bien afficher des aïeux antérieurs à l'Indépendance ou qui se soient au moins distingués durant la Révolution. Quiconque est favorisé d'un nom suédois ou hollandais implanté dans le pays avant la domination anglaise à l'orgueil d'un Rohan ou d'un Montmorency, et même sans posséder de si grands avantages on s'empresse, dès qu'on le peut, sous un prétexte quelconque, *to draw the line*, de tirer la ligne aussi nettement que possible entre soi et le commun des mortels.

De là un mot très drôle, comme il en pleut au pays de l'humour : « Puisqu'il faut absolument tirer la ligne quelque part, beaucoup de gens la tirent à leur propre père. » Jamais, avant d'aller en Amérique, je n'avais compris combien il peut être humiliant de s'appeler Smith ou Jones.

Nos grands personnages du bateau font bande à part; ils semblent déterminés à ne reconnaître personne. Tout au plus de temps on temps, les hommes, moins absolus que l'autre sexe quand il s'agit de préjugés, descendent-ils de leur piédestal pour causer avec quelque jolie femme. Parmi celles-ci, une jeune fille : elle ne peut sourire sans que de provocantes fossettes se creusent dans ses joues; aussi sourit-elle toujours; elle est mise à peindre, dans le style qui convient pour un voyage de long cours; elle semble avoir un succès universel. Je ne découvre qu'au moment d'aborder que c'est une simple demoiselle de magasin. Au Sud, plus d'une fille de bonne famille ruinée par la guerre de Sécession a dû prendre le parti de travailler pour vivre. Cette brune piquante est Louisianaise, elle touche de gros *appointements* dans un des principaux magasins de la Nouvelle-Orléans.

Pendant un congé elle vient de visiter la Hongrie, le pays d'origine de ses ancêtres, et toute l'Allemagne, ensuite la France. Elle a lu beaucoup de romans français : les demoiselles de magasin du Sud se piquent de littérature; il y en a, dit-on, qui écrivent elles-mêmes dans les revues locales. Miss _ , professe un véritable culte pour George Sand, malgré l'air réservé que prennent à ce nom plusieurs passagères. — Seulement, dit-elle, en s'exaltant sur Consuelo, ses héroïnes sont trop parfaites, c'est à décourager de la vertu. — Et les fossettes d'apparaître au coin des lèvres fraîches.

Voilà de grands revers bien gaiement supportés.

Rien n'est plus charmant que la promenade des jeunes filles sur le pont, bras dessus, bras dessous, escortées par quelques admirateurs de différents âges qu'elles n'ont jamais l'air de trop décourager. Point de poudre de riz qui craigne l'air salin, des cheveux abondants que le vent peut dénouer sans péril sous le béret ou la casquette qui sont presque d'uniforme. Les vieilles dames en portent aussi plantés sur de maigres chignons, cela leur va moins bien.

Bornons-nous à regarder les jeunes filles : elles sont pour la plupart minces, élancées, presque toutes grandes, une haute taille étant à la mode dans les cercles de New York, dont l'opinion s'impose, et les femmes trouvant toujours moyen, on le sait, de s'accommoder à la mode coûte que coûte. Chez plusieurs se manifestent les signes de ce qu'elles appellent *nervous prostration* ; la robuste santé britannique leur manque, elles n'ont pas non plus généralement la régularité de traits des belles Anglaises; et quoique certaines dames de la Nouvelle- Angleterre m'aient fait songer à des statues grecques retouchées par une main d'esthète, il faut avouer que, dans l'Ouest, le mélange des races produit souvent des types composites d'une distinction médiocre. La taille est rarement parfaite, si pimpante que soit la tournure; il y a trop de fragilité, trop de maigreur. Dans une réunion de femmes décolletées, la Française aurait certainement l'avantage ; aussi découvre-t-elle plus franchement ses épaules; mais, pour vives et gracieuses, les Américaines le sont autant que femmes au monde.

Celles du bateau causent librement en général avec tous les hommes, exception faite d'un gentleman nègre de Haïti qui promène dans une solitude assez mélancolique son bonnet grec brodé d'argent. Rien d'effronté du reste ni de choquant dans leur coquetterie. Si, au lieu d'être des jeunes filles, elles étaient autant de jeunes femmes, nous les retrouverions correctes; question de point de vue. Par leur mouvement perpétuel, leur légèreté, elles me font penser aux mouettes qui ne cessent de s'élever dans le ciel gris ou bleu, pour retomber par intervalles sur l'écume des vagues et reprendre presque aussitôt un vol plein de caprice. De même ces demoiselles s'abattent de temps en temps sur leurs fauteuils disposés pour la causerie à l'abri du vent. Les préposés au service du pont apportent leur goûter qu'elles mangent de bon appétit en guettant le passage d'un navire ou le coucher du soleil.

Deux ou trois fois le manque de discernement en matière de cuisine me frappe chez elles. J'entends demander des sardines et de la limonade; des mélanges qui nous sembleraient incongrus sont en faveur. Mais d'ordinaire on semble apprécier l'excellente table des transatlantiques, et je crois voir que les sociétés de tempérance, qui affirment si haut leurs principes dès qu'elles ont touché le sol natal, font ici des concessions aux vins blancs et rouges généreusement versés.

— Les Yankees sont hypocrites autant que les Anglais pour le moins, me dit un de mes compatriotes rencontré par hasard : quand ils ne boivent pas de vin aux repas sous de vertueux prétextes, ils se grisent de whisky sur le comptoir du bar Au fond leur grossièreté passe tout, vous verrez ; ils crachent sans cesse autour d'eux, et combien ignorent l'usage le plus élémentaire du mouchoir! Pour ce qui est du fameux flirt, il va souvent, soyez-en sûr, à la dernière extrémité. Dans les hôtels, les restaurants, partout une porte spéciale indique l'entrée des dames... Bast! malgré cette précaution ridicule, on se rejoint de l'autre côté, et le diable n'y perd rien...

Je me permets de faire observer à ce monsieur bien informé que le but de rentrée des dames, assez commode en elle-même, n'est peut-être pas d'établir une séparation absolue entre celles-ci et l'autre sexe. Pour le reste, je ne peux m'empêcher de croire qu'il doit ressembler un peu au voyageur écrivant sur son carnet de notes : « A Tours, toutes les femmes sont rousses », parce qu'une rousse venait de traverser la rue. Nous avons, nous autres

Français, la rage de conclure et de généraliser. Si je prenais à la lettre tout ce que me dit celui-ci, je serais persuadée qu'il n'y a pas en Amérique d'établissements plus intéressants que des *bar rooms* pavés de dollars; que les Américains parlent du nez sans exception; et que leurs filles sont prêtes à tout pour se faire épouser.

Quant au fameux nasillement, le *twang*, on s'assure très vite qu'il n'existe guère, au moins d'une façon désagréable, parmi les gens bien élevés. Et des expériences quotidiennes nous montrent, dès le bateau, que le flirt tant incriminé peut être assez naïf au fond. Après m'être scandalisée des œillades, des sourires derrière l'éventail, des mines de toutes sortes dirigées comme un feu bien nourri pendant près de deux heures par une de nos jeunes passagères contre un monsieur visiblement éperdu, n'ai-je pas découvert que ce criminel entretien était en fin de compte un petit jeu? Au lieu de parler de leurs propres affaires, ils se proposaient l'un à l'autre des devinettes ! Le sphinx mettait beaucoup de malice à tourmenter sa victime, mais tout le monde aurait pu écouter sans inconvénient, malgré le témoignage des yeux.

Et même quand les apparences sont franchement révoltantes, il faut se méfier d'une cause fréquente d'erreur : la plus vulgaire des Américaines est aussi bien mise que la plus distinguée; j'ai vu à New York une marchande de journaux qui, hors de son commerce, avait l'air d'une dame et qui était, paraît-il, à la lettre, une honnête créature, malgré la coquetterie endiablée qui de sa part laissait tout supposer. Mais l'honnêteté comme la coquetterie d'une marchande de journaux peut être en effet médiocrement délicate. Les scènes de flirt auxquelles on assiste dans les hôtels, les restaurants, en chemin de fer ou sur les bateaux, ont souvent pour héroïnes, des demoiselles de semblable catégorie, sans qu'on le soupçonne, l'indépendance des jeunes filles du monde, leurs allures libres et intrépides prêtant à force bévues pour un observateur peu clairvoyant. — Exemple à bord : Miss X... voyage seule; un jour, elle va demander au gardien de la bibliothèque des livres français ; elle en choisit deux : *Fromont jeune et Risler aîné*, — Mademoiselle de Maupin ; se tournant vers un jeune homme qui passe, prend son avis sur l'emplette qu'elle vient de faire. Et là j'admire le respect témoigné en toute occasion par l'Américain à la femme même inconnue. Le jeune homme interrogé rougit jusqu'aux oreilles enlisant le titre du chef-d'œuvre de Théophile Gautier, mais se borne à dire : « Celui-ci, le Daudet, est un bon livre; quant à l'autre... — Wicked?... tant mieux! » interrompt l'espiègle en éclatant de rire. — Et elle s'enfuit, emportant son butin qu'elle brandit d'un air de défi.

Est-ce perversité? est-ce innocence? L'innocence de Dahy Miller, peinte par Henry

James si merveilleusement que ses compatriotes ne le lui ont jamais pardonné? Qui sait?...

Le demi-monde proprement dit n'existe pas en Amérique; néanmoins, il doit y avoir entre les femmes qui se respectent et certaine écume sociale dont on ne parle jamais une troisième catégorie, la catégorie nombreuse des coquettes plus ou moins faciles, plus ou moins galantes. Ce sont celles-ci que beaucoup d'étrangers en voyage recherchent, et pour cause. De là des appréciations générales sur le flirt américain qui n'ont d'égales, quant a l'absurdité, que les légendes qui circulent en Amérique sur l'adultère français, presque inséparable du mariage, tel que le décrivent nos romanciers. La vérité, c'est que les femmes, quand elles sont ce qu'on appelle bénignement légères, le deviennent en Amérique avant le mariage et en Europe après ; mais il y a des deux côtés de l'Atlantique beaucoup plus de filles irréprochables et de femmes parfaitement honnêtes qu'on ne le croit d'une rive à l'autre. L'observation n'en est pas neuve, mais elle est toujours bonne à faire.

II.

La Foire Universelle – Le Palais des Femmes

À la foire universelle j'étais l'une des dernières venues; je ne puis donc rendre que l'impression étourdissante, le souvenir de rêve que m'ont laissé deux ou trois visites rapides. Nos expositions ne m'avaient préparée à rien de pareil. Je ne doute pas qu'elles ne fussent plus complètes, plus parfaites dans le détail, mais elles n'atteignaient pas à cet effet d'ensemble qui dans ma mémoire tient du mirage, mirage aussitôt évanoui après le premier éblouissement, comme doit s'évanouir toute apparition vraiment magique. J'eus à peine le temps d'apercevoir la princesse dans ses atours couleur de soleil qui, l'instant d'après, n'étaient plus que guenilles. Jamais métamorphose ne s'opéra aussi vite, sauf dans Cendrillon. Le glas de la foire sonna le 31 octobre; dès le lendemain il ne restait rien que le tumulte réglé d'un déménagement colossal. Au souffle de la première bise d'automne la solitude a élu domicile dans cette magnifique cour d'honneur où, l'espace d'un été, s'étaient donné rendez- vous, au milieu des fêtes et des spectacles, les délégués de toute la terre.

Acteurs ou comparses s'empressaient alors de saluer en plein triomphe ce qu'il y a de plus séduisant au monde, la jeunesse, n'eût-elle que le fugitif éclat que nous appelons beauté du diable.

C'était un peu là sans doute le genre de beauté des palais innombrables qui, après nous avoir procuré l'illusion du marbre, sont tombés en poussière quand ils n'ont pas été détruits par l'incendie ; mais qu'importe, si pendant leur courte durée ils ont rivalisé avec Venise reflétée par le miroir des lagunes où couraient des gondoles légères? Je ne tiens pas à savoir au juste ce qu'ils renfermaient, il me déplaît de penser qu'ils eurent un but utile, un but quelconque ; je sais seulement que l'Adriatique n'est pas plus belle que le lac Michigan et qu'une inspiration de génie a évoqué un jour, sur cette nappe bleue sans limites, la blancheur d'une ville fantôme, prompte à s'évaporer dans le bleu du ciel.

Après la poésie de cette apparition éphémère de la Grèce, de l'Italie et du siècle de Louis XIV dans l'Ouest américain, rien n'était plus intéressant que l'attitude prise devant elle par les curieux innombrables, venus de tous les coins du Nouveau-Monde.

Leur admiration se traduisait par le recueillement. On apprenait à connaître là, en l'observant dans ses échantillons les plus divers, un peuple étrangement maître de lui et de ses émotions.

Le décorum, avec lequel au besoin il lynche sans colère les criminels que la justice n'atteint pas, est suffisamment expliqué par son attitude grave quand il s'amuse. Les Européens, plus expansifs et plus turbulents, lui trouvent une physionomie morne et le croiraient volontiers stupide. Mais ce troupeau presque muet jouit parfaitement des choses à sa manière. Un fermier du Far West s'est fait à ma connaissance l'interprète éloquent du grand nombre en exprimant dans un langage quasi biblique son enthousiasme profond et contenu. Ce qu'il sut dire, les autres l'ont senti ; ils doivent le sentir plus que jamais parle souvenir intense, maintenant qu'ils ont regagné leurs Etats respectifs. Des visions semblables pour eux à celles de l'Apocalypse, les splendeurs paradisiaques d'une nouvelle Jérusalem éclairée par des feux électriques changeants et baignée de fontaines lumineuses les suivent sans doute dans ces rudes travaux de défrichement que peint si bien le poète par excellence de la Prairie, Hamlin Garland :

Ils labourent, ils sèment, ils engraissent le sol de leur propre vie, comme l'ont fait avant eux l'Indien et le buffle.

Ayant rendu justice à l'effet général de la White City, je crois avoir le droit d'ajouter qu'elle renfermait plus d'un édifice de mauvais goût et que le palais des femmes notamment ne m'a point frappée comme un chef-d'œuvre. Cette villa de la Renaissance italienne, couronnée d'anges aux ailes éployées, a été louée jusqu'à l'hyperbole pour ses qualités féminines «de réserve, de délicatesse et de distinction», qualités toutes morales qui ne suffisent pas peut-être quand il s'agit de faire jaillir de la pierre une idée grande ou petite. En réalité miss Sophia Hayden, de Boston, diplômée à l'école de technologie du Massachusetts et sortie victorieuse d'un concours national proposé aux ambitions de son sexe, n'a pas réussi à nous prouver que l'architecture comptât parmi les arts où dès à présent brille la femme. Les groupes décoratifs de sa collaboratrice, une jeune Californienne, miss Rideout, n'étaient pas non plus de premier ordre; j'en dirai autant des peintures du hall d'honneur. Certes les femmes conçoivent aussi bien et mieux que personne la décoration, l'ornement, mais à la condition de se tenir hors des cercles trop ambitieux de la statuaire et de la fresque. Mesdames Mac Monnies, Lucia Fairchild, Sherwood, Emmet, Brewster Sewell ne manquent pourtant pas de talent; et Mary Cassait, bien connue à Paris, où quelques-unes de ses eaux-fortes figurent au musée du Luxembourg, en a même beaucoup. Toutes cependant ont eu tort de s'aventurer dans le domaine de Puvis de Chavannes. Je me borne à indiquer la façon très caractéristique dont miss Cassatt a compris ce sujet: la Femme moderne opposée à la Femme primitive, à ses humbles travaux, à son agenouillement devant l'homme, à sa mission de mère et de bête de somme, le tout retracé par Mrs Mac Monnies sur un espace de soixante pieds. La partie centrale du tympan représente des filles d'Eve en toilettes à la mode du jour, occupées à cueillir par centaines, dans un verger, les fruits de science dont leur aïeule plus modeste ne déroba qu'un seul.

A gauche, une figure volante de la Gloire est poursuivie par des femmes les cheveux au vent, les bras tendus, ayant sur leurs talons une bande de canards. A droite une jeune dame relève sa jupe d'un geste hardi pour esquisser la danse de Loïc Fuller, tandis que deux de ses compagnes la regardent, assises sur le gazon, l'une d'elles jouant d'un instrument à cordes. Inutile d'ajouter que miss Cassatt est dans le mouvement; Degas, Whistler et Monet sont, paraît-il, ses dieux; mais, après tout, elle est elle-même, et cet éloge d'être bien soi ne peut être adressé qu'à un petit nombre de peintres américains, hommes ou femmes.

Souvent très forts au point de vue technique, ils sont incapables jusqu'ici, pour la plupart, de se dégager complètement des influences de leurs maîtres allemands ou français.

Beaucoup d'aspirantes au grand art feraient mieux d'exceller dans les fleurs comme miss Greene, de Boston, de se distinguer dans le portrait ou l'aquarelle comme Mrs Sarah Sears de la même ville. — Il faut louer une autre Bostonienne, Mrs S. W. Whitman qui ne dédaigne pas d'appliquer ses dons d'artiste si remarquables à décorer pour les éditeurs d'exquises couvertures de livres ou à composer de belles verrières, sans préjudice de travaux plus sérieux. Elle a tiré bon parti des recherches faites par le premier des peintres américains, John La Farge, à qui son pays et le monde doivent depuis une quinzaine d'années le renouvellement de l'art du vitrail.

Il a trouvé en effet l'emploi logique du plomb, qui n'était dans les anciens vitraux qu'une nécessité assez laide, et en a fait un élément de beauté décorative, l'utilisant pour le dessin des figures de façon à imiter la touche irrégulière du pinceau, tandis que des effets surprenants étaient obtenus au moyen de verres de couleurs différentes plaqués les uns sur les autres de façon à augmenter la profondeur et la richesse des tons ou à modifier la transparence. Ensuite M. La Farge imagina d'employer, pour le même usage, des morceaux jugés défectueux, de ce verre opalin qui se fabrique en Amérique, imitant la porcelaine. Dans cette mosaïque translucide, retenue par du plomb au lieu de ciment, les têtes, et les mains continuent seules à être peintes, puisque pour la chair l'expression est nécessaire. Nous avons pu juger des vitraux de John La Farge à nos expositions universelles où le mérite de leur auteur a été hautement reconnu.

Le succès conquis par cette branche d'art industriel a excité une grande émulation ; de là tous les projets de verrières, tous les cartons qui se voyaient à Chicago. Les illustrations de livres et de magazines par les femmes m'ont paru intéressantes : à citer miss Mary Hallock Foote qui, maniant le crayon aussi habilement que la plume, embellit ses propres récits de dessins très appréciés.

Dans la décoration sur porcelaine les Américaines sont décidément inférieures aux

Françaises, quoique le club de la poterie à Cincinnati ait envoyé des spécimens qui promettent. En résumé les écoles professionnelles d'art appliqué à l'industrie sont encore loin en Amérique d'égaler les nôtres, malgré leurs progrès soutenus. Celle des travaux à l'aiguille ne remonte guère qu'à dix-sept ans; elle prospère, encouragée par d'actifs patronages ; mais il manque aux ouvrières ce que nous avons en France, la stimulante compétition avec des femmes du meilleur monde qui ne dédaignent pas de s'appliquer à certains ouvrages manuels et d'en faire de l'art. Il fallait voir le petit salon réservé aux dames françaises pour se rendre compte de cette différence. Le mépris de l'aiguille existe chez un grand nombre d'Américaines ; les couturières, les modistes m'ont dit combien elles avaient de peine à recruter des ouvrières tout en les payant très cher; le diplôme d'institutrice est l'objectif qui détourne de tout le reste.

Revenons au *Woman's building* ; ce n'est pas là que nous rencontrerons les manifestations de talent les plus sérieuses; en tout pays les femmes ont tort de faire bande à part quand il s'agit d'exposer leurs œuvres. La compétition avec l'homme est indispensable pour éliminer les non-valeurs et aussi pour faire ressortir, non pas toujours l'inégalité, mais la profonde différence des dons et des aptitudes chez les deux sexes. — Ceci ne veut pas dire qu'il y ait lieu de blâmer l'idée même du bâtiment. Ses salles d'assemblée, d'organisation, etc., ont rendu de grands services, abritant les congrès, les associations de femmes et tous les divers mouvements qu'elles dirigent. Celles qui avaient ou qui croyaient avoir des idées nouvelles à exprimer ont pu sans exception se faire entendre; pour les musiciennes, artistes et amateurs, un jury choisi par le comité national de musique décidait de l'admission de chaque dame dans les concerts qui se sont succédé pendant une demi-année, le fait d'avoir figure au programme conférant une distinction durable. On a pu constater ainsi le développement rapide et croissant du goût musical en Amérique. Les belles voix y sont communes, encore qu'on leur ait longtemps reproché d'être sans âme, et la musique instrumentale y est cultivée avec le sérieux, la ténacité qu'apportent dans toutes leurs études les femmes qui, entre celles du monde entier, se contentent le moins de ce qu'on appelle talents d'agrément. Le don de sentir, qui est indépendant de la volonté d'apprendre, manquait peut-être; il a été développé depuis des années par l'influence allemande prépondérante dans beaucoup de villes et par des concerts classiques hebdomadaires suivis religieusement. A M. Théodore Thomas, directeur de la section de musique à Chicago, revient une bonne part de mérite dans cette éducation.

Les intérêts matériels des exposantes pauvres n'étaient pas négligés au Palais de la femme ; tous les objets fabriqués par l'industrie féminine trouvaient là un écoulement, grâce à des ventes très fructueuses, et, chose inestimable dans un pays où la femme ne semble naître ménagère que par exception, des leçons de cuisine étaient quotidiennement données. Jusqu'au bout le Woman's building fui l'expression même, on peut le dire, d'une hospitalité très large. Le Palais des enfants, qui lui servait d'annexé naturelle, permettait aux mères de famille de laisser les plus petits à des soins éclairés tandis qu'elles visitaient l'exposition et aux enfants eux-mêmes d'apprendre beaucoup tout en s'amusant, car il y avait là des spectacles, des conférences, une bibliothèque appropriés à leur âge. Rien de plus curieux que le fonctionnement du Kindergarten, et du Kitchengarten qui le complétait. Miss Huntingdon, de New York, fondatrice de ce dernier système, dirigeait des classes où les bambins jouaient à faire un lit, à balayer, à épousseter, parfaitement instruits de tous les détails du ménage.

Quand on pense à la besogne énorme dont se sont acquittées les ladies managers en organisant ces manifestations complexes du progrès féminin, pendant une durée de six mois, il semble qu'on ne puisse trop louer le conseil présidé par une étoile de la société de Chicago. Mrs Potter Palmer n'avait eu jusque-là qu'une réputation de beauté, d'élégance, de richesse; elle s'est trouvée tout à coup à la hauteur de sa tâche.

Déjà les commissions de dames avaient aidé puissamment au succès des deux grandes expositions de la Nouvelle-Orléans et de Philadelphie, mais le trait distinctif de la *World's Fair* fut l'introduction formelle dans le jury des femmes, admises une bonne fois à protéger leurs propres intérêts. Elles l'ont fait avec une remarquable intelligence. Laissons de côté les petites discussions, les petites rivalités qui, à en croire les révélations d'une presse indiscrète, ont pu s'élever entre certaines déléguées de différents États ; ceci ne diminue pas les preuves de dévouement et de zèle données par la masse, ni le résultat final obtenu. L'Exposition avait pour but déclaré de permettre aux femmes de s'entr'aider et à chacune d'elles de s'aider elle-même; elle tendait en outre à donner une idée nette et précise de la condition universelle des femmes de notre temps. Ce double but a été atteint; par parenthèse, la statistique envoyée de Paris et représentant en dix-huit tableaux le rôle de la Française dans l'agriculture, le commerce, les administrations, l'enseignement, les professions libérales, l'épargne etc., était plus complète qu'aucune autre et servira certainement de modèle à l'étranger pour les dénombrements de ce genre.

Notons une très heureuse innovation : chaque manufacturier devait indiquer si son exposition était œuvre de femme en tout ou en partie, ce qui assurait à chacun sa portion de mérite. — Le conseil a inauguré ceci ; il a imposé beaucoup d'autres choses utiles qui subsisteront. Ceux qui s'étonneraient de l'expérience déployée par un groupe de femmes du monde en semblables matières, ignorent quelle école d'organisation peuvent être pour les Américaines les clubs dont elles font partie. J'aurai plus d'une fois l'occasion d'en parler, tout en voyageant avec mes lecteurs d'une ville à l'autre.

III. Clubs de femmes

Il y a vingt-cinq ans que furent fondés presque en même temps les premiers clubs de femmes, à Boston et à New York.

Depuis lors, sous la protection de ces deux grands foyers, du premier surtout, des associations analogues ne cessent d'éclore dans les divers États. On en compte plus de trois cents aujourd'hui et la Fédération générale qui les réunit en son sein leur prête une force nouvelle. Ceux de Chicago sont actifs entre tous.

J'ai rendu visite aux deux principaux - Fortnightly et le Woman's Club.

Le Fortnightly est un club exclusivement littéraire; je le trouve installé dans un local élégant;

des femmes de tout âge, en toilette de ville, sont assises, très nombreuses, devant l'estrade où se tiennent la présidente et deux membres du bureau. Mrs Amélia Gère Masson, bien connue par son livre sur les salons de France, — *Women of the French salons,* lit. — une étude intitulée : *Types de femmes, anciens et nouveaux,* — sujet proposé selon l'usage et que l'on discute ensuite, soulevant des objections, complétant les détails ou rectifiant les erreurs. J'admire la facilité d'élocution développée chez toutes les dames qui successivement se lèvent, la netteté de leurs jugements, le sens critique dont elles font preuve. Assurément elles arriveront au Congrès bien préparées pour raisonner avec suite et pour discuter sans passion, — la chose du monde qu'en tout pays les femmes savent le moins faire. Très peu de compliments, aucun désir de se rendre agréables, pas la moindre hésitation d'autre part à dire ce qu'elles croient être la vérité, — la vérité fut-elle désobligeante. Je suis également frappée par la bonne humeur de l'essayiste qui se trouve mise ainsi sur la sellette. Il est facile de comprendre que des réunions périodiques de cette sorte aient une action puissante sur l'esprit des femmes, sur leurs qualités de conversation, bannissant de l'entretien les sujets frivoles et trop personnels, habituant à écouter avec attention, à réfuter avec logique. En même temps les travaux indiqués d'avance sur les sujets les plus variés relatifs à la morale, à la philosophie, à la science, à l'histoire, font parfois surgir de véritables talents littéraires.

Après la séance, le thé est servi, on s'aborde, on cause : un des membres du club, qui a beaucoup habité la France, veut bien me dire que, même auprès de Chicago, elle trouve notre petit Paris incomparable. Je suis présentée à un grand nombre de personnes qui me reprochent gracieusement mon refus de prendre la parole, tontes les étrangères présentes à la séance y ayant été conviées.

Lorsque je réponds que l'habitude de parler en public me manque absolument, elles prennent l'air apitoyé que les dames turques affectèrent en découvrant que lady Wortley Montagne était emprisonnée dans un corset, ou que nous pourrions avoir nous-mêmes devant les pieds mutilés des Chinoises. Je dis à la présidente que les clubs américains sont tout près de rivaliser avec les anciens salons de France, tant on y montre d'esprit; seulement ils se ferment aux hommes, que nos salons avaient au contraire pour but unique de réunir et de faire briller. A quoi elle me répond gaiement mais avec un éclair singulier dans les yeux :

— Oh ! quant à cela, peu nous importe ; nous tenons à briller pour notre propre compte!

Et les maris, les frères, les fils ne leur ont souvent pas mauvais gré. Ils trouvent délicieux, quand ils rentrent au logis après une journée consacrée aux affaires, d'être mis au courant par elles de tout ce qui se passe dans le monde du loisir ; elles écrèment pour ainsi dire à leur intention les revues, les livres, les nouvelles.

Parmi les femmes présentes, qui me sont sympathiques à première vue, se trouve l'une des notabilités de Chicago, le docteur Sarah Stevenson : il y a pour le moins deux cents femmes médecins dans la ville, mais celle-ci a la clientèle la plus considérable. Elle est présidente du Woman's Club, dont le programme est autrement étendu que celui du Fortnightly, et qui s'occupe surtout de réformes sociales. Le docteur Stevenson me parle avec chaleur de ce qu'elle regarde comme la plus grande conquête accomplie par les femmes de Chicago, la fondation de l'agence protectrice des femmes et des enfants. Le but de l'association est de sauvegarder leurs droits, de faire payer les salaires injustement détenus aux ouvrières, aux domestiques, d'empêcher les prêts usuraires, la violation des contrats, de trouver des asiles pour les enfants abandonnés, de les enlever à des parents indignes, de procurer le divorce aux femmes maltraitées, de sauvegarder les droits de la mère sur les enfants, etc. Un homme de loi est appointé par la société. Tout ce qu'elle me dit excite vivement ma curiosité. Je me rends au jour indiqué dans l'édifice pseudo-roman qui a encore nom Art Institute, bien qu'un autre monument de style classique se soit élevé en une année au bord du lac, sur le boulevard Michigan, pour loger les collections d'art. Dans une très grande salle, les gradins superposés, formant amphithéâtre, sont déjà couverts de femmes dont l'apparence et la mise indiquent une réunion beaucoup plus mêlée que le Fortnightly ; il y a en effet des femmes de toute condition dans le Woman's Club ; il compte cinq cents membres répartis en six grandes divisions : les comités de réforme, de philanthropie, d'éducation, d'enseignement domestique, d'art et de littérature, de science et de philosophie. Au moment où j'arrive, une jeune fille aveugle, debout sur l'estrade, récite un éloge de Longfellow, c'est le « Jour du Poète » ; la séance est consacrée à l'auteur d'Évangeline; les tributs d'hommages se succèdent avec intermèdes de chant. Après quoi on agite la question des sans-travail. Un magistrat, qui est venu s'entendre avec le Club, dit qu'il y en a des milliers d'inscrits. L'Université, la faculté de théologie, la société catholique de Saint-Vincent-de-Paul, l'armée du Salut s'unissent pour porter remède à cette misère ; les dames sont priées de faire dos visites qui seront autant d'enquêtes discrètes; chacune d'elles se présentera chez tel ou tel en disant qu'elle croit savoir qu'il s'est propose ù la municipalité pour être employé au travail dos rues; en cas de réponse affirmative elle devra offrir d'appuyer la demande et, si les besoins sont urgents, avertir sans retard la société de secours. Je recueille de la bouche du magistrat un excellent conseil : « Apportez dans vos démarches une grande discrétion, ne cherchez pas à vous immiscer dans les affaires des pauvres plus que vous ne feriez dans celles des riches. » — Plusieurs dames s'engagent avec empressement dans cette collaboration avec la municipalité. Mrs Stevenson n'occupe pas son fauteuil; il arrive assez souvent que les devoirs de sa profession l'empêchent d'assister aux séances du Club : elle est remplacée par une vice-présidente qui me met en rapport avec plusieurs membres. On me communique le calendrier du club pour cette année. Je relève à la hâte parmi les sujets qui ont été ou qui doivent être traités dans différents départements, du mois d'octobre 1893 au mois de juin 1894, les titres suivants : Évolution de la femme moderne, — l'Émigration doit-elle être restreinte? — De la signification du travail, —le Réalisme dans l'art et la littérature, — la Coopération industrielle, — la Science et la vie supérieure, — la Réserve de l'énergie, — la Co-éducation, — les Droits de la mère, etc. Mrs G. H. Sherman, bien connue par ses travaux philosophiques, doit écrire sur Dante et la vision de Dieu.

J'interroge une dame secrétaire sur la fameuse Agence protectrice : elle est établie depuis l'année 1886; du rapport d'avril 1893 il résulte que durant ces sept années, on a pris acte de 7197 plaintes de toute sorte, et que 1249687 dollars ont été

rassemblés par petites sommes. Mais aucune statistique ne peut éclairer suffisamment le public sur une œuvre de cette nature. Il n'y a pas seulement des fraudes et des injustices redressées, des gages payés, des cas de cruauté ou de violence punis, des tutelles assurées, des divorces obtenus, des créances discutées, des naissances illégitimes régularisées, des sans-travail occupées, des domestiques placées, des étrangères dans la ville dirigées et secourues ; les pauvres créatures sauvées par la force et la grâce de cette œuvre admirable pourraient seules dire quelle dépense de sympathie, de démarches, de conseils, les membres ont faite au profit de la légion de leurs protégées. C'est à se demander si, la femme étant défendue avec ce zèle, l'homme ne se trouve pas quelquefois molesté à son tour : en 1889 l'agence assura le bénéfice des circonstances atténuantes à une accusée qui avait tiré |en plein tribunal sur un avocat acharné contre elle. Bien entendu l'acte en lui-même ne fut pas approuvé, mais l'agence démontra que cette malheureuse avait été poussée à l'exaspération, presque à la folie, par un excès d'injustice et de persécution. N'y a-t-il pas quelquefois un parti pris de défense? La secrétaire à qui j'exprime mes craintes se met à rire:
— « Oh! répond-elle, quand nous entrons dans l'œuvre, nous avons trop souvent en effet la notion que la femme est toujours intéressante et l'homme toujours coupable, mais nous apprenons vite à distinguer. »

Quoi qu'il en soit, les juges de paix, les commissaires de police, les magistrats tiennent la *Protective Agency* en haute estime et jugent qu'elle est pour eux une aide par son action prompte, énergique. Il faut savoir tout le mal que font dans une société à peine dégrossie encore, comme celle de Chicago, l'ivrognerie et la brutalité, pour comprendre l'urgence de cette action qui s'exerce sans relâche au nom de la fraternité entre femmes et du sentiment maternel étendu à tous les enfants.

Mais le club accomplit bien d'autres œuvres encore.

Trop souvent, aux Etats-Unis, les emplois publics sont distribués pour des raisons qui ne profitent qu'aux politiciens de bas étage. Il en résulte d'épouvantables abus. C'est ainsi, que dans certains asiles d'aliénées, les pensionnaires mal nourries, mal vêtues, entassées les unes sur les autres, n'avaient souvent qu'un lit pour trois. Le club intervint, et des femmes médecins furent attachées à ces établissements qui, depuis lors, sont dirigés à souhait. — Dans toutes les administrations qui ont à statuer sur le sort des femmes, prisons, hospices, asiles de mendicité, les femmes imposent leur présence. C'est grâce au club que des matrones sont aujourd'hui attachées aux bureaux de police; c'est sous son impulsion qu'a été fondé l'hôpital pour les maladies contagieuses. Un de ses membres, miss Sweet, a inauguré un service d'ambulance en donnant le premier fourgon; miss

Flower a organisé une école d'infirmières; le docteur Stevenson a obtenu que des bains pour les pauvres fussent établis sur le lac et dans certains quartiers déshérités. — L'Institut des arts doit un prix annuel au Woman's Club. — Une nouvelle université s'étant ouverte en 1892, à six cents étudiants des deux sexes, grâce à des dons particuliers de sept millions de dollars, on s'aperçut, le somptueux édifice une fois achevé, que les étudiantes n'avaient point de dortoirs. Aussitôt le Woman's Club réunit les fonds nécessaires à la construction d'un bâtiment qui renferme, non seulement des chambres à coucher nombreuses, mais des salons, une salle d'assemblée, une salle à manger, une bibliothèque, un gymnase. — Il s'agissait de réunir dans une école industrielle les jeunes garçons sans domicile ; trois cents acres de terre étaient offerts à la condition que l'on plaçât dessus pour 40 000 dollars de bâtiments; le club des femmes trouva cette somme et l'école de Ghniwood vit le jour.

C'est le club qui veille à ce que le décret de l'instruction obligatoire soit exécuté, à ce que les enfants de six à quatorze ans aillent à l'école seize semaines par an : sans lui, nombre d'entre eux resteraient au logis faute de vêtements ou de souliers. Enfin il s'est proposé une tâche plus difficile que toutes les autres, il a constitué une ligue de réformes municipales réclamant la propreté dans les rues de Chicago. S'il réussit cette fois, on pourra crier au prodige.

Un grand progrès est obtenu déjà; la diminution sensible de la fumée qui pesait sur la ville et qu'après beaucoup de tentatives vaines on réussit maintenant à brûler en partie. Bref, derrière toutes les réformes nous trouvons l'intrépide club des femmes. Et si elles se mêlent de la police des rues, elles surveillent aussi celle des manières. A une séance du Woman's Club, je ne sais quel membre du bureau ayant annoncé que les dames étaient « requises » pour le thé, une grande femme, à la mine autoritaire, se leva, et du fond de la salle, reprit impitoyablement sa collègue, corrigeant l'expression impropre, disait-elle, et réclamant *requested* au lieu de *required*, priées au lieu de requises.

Au nom des dames, les voyageurs en omnibus sont engagés à ne pas cracher autour d'eux, et les plus grossiers ne demandent pas mieux que de leur complaire. Deux souvenirs des rues de Chicago : J'étais sur la plate-forme d'un car, hésitante devant le tumulte de la rue encombrée, trop effrayée pour descendre.

Auprès de moi, un homme très mal vêtu, à figure de bandit, semble d'abord dispose- à rire, puis tout à coup il saute à terre, m'aide à gagner le trottoir et, quand je le remercie, grogne un *all right* confus en secouant amicalement ma main qu'il tient encore.

Un vieil ouvrier allemand (il y a 400 000 Allemands à Chicago) m'aide à retrouver mon chemin un jour que je me suis égarée.

Tout en marchant il me fait les honneurs de la ville, et me montre, entre autres choses, un splendide étalage de fleuriste : — « Ce sont des chrysanthèmes, dit-il, vous ne connaissez pas ça en France, mais (d'un ton d'encouragement qui implique : 'Vous y viendrez') mais vous avez la petite marguerite. »

Cette bienveillance un peu dédaigneuse est, je crois, l'expression même des sentiments du jeune Chicago envers la vieille France.

Un livre très bien fait, de Julian Ralph, Our Great West, a enregistré, pour la gloire des femmes, tous les faits relatifs à ce qu'il appelle le Gentle Side : les côtés élevés, doux, délicats de Chicago. On peut opposer cette excellente étude des nouvelles capitales aux Etats-Unis, de leurs conditions présentes et de leurs possibilités futures, à un autre livre qui souleva récemment la plus violente indignation : *les Cliff-Dwellers*. Dans ce roman de mœurs sont peints, sous des couleurs très sombres, les mauvais côtés au contraire, les côtés terribles de Chicago, les résultats de la spéculation féroce, du combat inhumain pour le succès, lutte sans pitié qui étouffe tous les sentiments, même celui de la famille, endurcit les âmes et conduit jusqu'au crime ceux qui s'y livrent.

L'auteur des Cliff-Dwellers, M. Henry Fuller, s'est fait d'autant plus d'ennemis par cette vigoureuse satire qu'il a osé toucher au personnage sacré de la femme. Son héroïne, Cecilia Ingles, la déité mondaine, invisible jusqu'à la dernière page, mais toujours présente par l'influence occulte qu'elle exerce, pousse inconsciemment à leur perte des centaines d'individus. Elle ne tient qu'à produire le plus d'effet possible, elle ignore ce que coûte son luxe, combien de malheureux sont à cause d'elle dupés, volés, martyrisés, conduits à la misère, à la honte et au désespoir. Très probablement cette belle poupée sans cœur, posée sur un piédestal de dollars, existe à Chicago, du moins elle a pu y naître à de nombreux exemplaires, mais j'imagine qu'elle n'y est pas restée.

On la trouverait plutôt en Europe, où elle donne la chasse aux titres et se propose, comme dernier caprice, de forcer son chemin à coups d'argent, soit dans notre faubourg Saint-Germain, soit, — de préférence, car elle prise les difficultés et dédaigne les républiques, — dans les rangs réputés plus inabordables de l'aristocratie anglaise. Ajoutons que des deux côtés elle réussit très bien, ce qui lui assure une longue série d'imitatrices; et, dans sa nouvelle patrie, personne mieux qu'elle assurément ne s'entend à railler Chicago, le Woman's Club, et le reste.

IV.

Maisons particulières à Chicago – Les rues et les intérieurs. – Le temple.

Railler Chicago est une mauvaise habitude commune à toute l'Amérique civilisée. On critique la voix haute et nasillarde de ses citoyens, leurs manières triviales, les grands pieds des femmes, l'énormité de mauvais goût des bâtiments gratteurs de ciel (*sky-scrapers*), la croissance presque fabuleuse de ce champignon gigantesque ou plutôt de cet oignon sauvage, — s'il faut en croire l'étymologie indienne de Checagua; — mais on aura beau dire, oignon ou cryptogame, c'est là une plante merveilleuse. Elle témoigne mieux que tout de la force et de l'industrie d'un grand peuple.

N'est-ce pas un miracle en effet que la résurrection de cette ville, âgée de soixante ans à peine, qui, presque anéantie par l'incendie de 1870, est sortie de ses cendres mille fois plus riche, plus active, et dont la prospérité s'accroît à vue d'œil? — Les mauvais plaisants continuent à citer le dialogue entre un habitant de Saint-Louis et un citoyen de Chicago qui s'étaient disputés sur les mérites de leurs patries respectives :

— Quand donc êtes-vous venu chez nous?

— La semaine dernière.

— A la bonne heure! vous n'êtes plus au courant. Depuis, la ville a changé du tout au tout.

Mais la facétie a vieilli; aujourd'hui il ne serait plus possible de comparer Chicago à Saint-Louis qu'il a laissé fort en arrière ; pour l'étranger qui passe, l'un représente une énorme ville de province, l'autre une capitale.

N'en déplaise à certains raffinés de l'Est qui ne sont allés à la foire universelle qu'avec répugnance et qui, une fois là, n'ont regardé que la « ville blanche » sans vouloir mettre le pied dans la « ville noire », je n'ai trouvé, je l'avoue, à l'Exposition de Chicago, rien d'aussi curieux que Chicago lui-même.

J'ai subi la fascination du monstre dès qu'il m'est apparu du chemin de fer, surgissant au milieu de l'immense plaine où, précédé de la cité ouvrière de Pulmann, une annexe digne de lui, il s'étale au bord de son lac sous un dais de fumée. Son énergie tumultueuse m'imposa dès le premier jour, et son architecture m'émerveille. Non que j'admire plus qu'il ne convient les édifices tout en hauteur qui rivalisent avec la tour Eiffel, mais il y en a d'autres; il y a des échantillons excellents de l'architecture à laquelle Richardson a donné son nom, une architecture composite et cependant originale, où s'amalgament le roman, le byzantin, et un peu de gothique très heureusement appliqués aux besoins modernes, aux établissements industriels, aux grands entrepôts de commerce. Le magasin de gros de Marshall Field, par exemple, est un chef-d'œuvre de cette espèce. A son rang et dans un autre genre, il fait autant d'honneur à Richardson que la fameuse église de la Trinité à Boston, exprimant également bien le but auquel il est dédié ; ce qu'on a nommé la sévérité de sa physionomie utilitaire, n'exclut pas la beauté, une beauté solide, massive, indestructible, comme semble l'annoncer l'apparence cyclopéenne de ses murs en bossage rudement ébauché.

La nouvelle architecture américaine qui n'a plus rien de commun avec l'architecture coloniale aux lignes compassées, rappelant pour nous le Louis XVI et l'Empire, cette architecture qui me paraît être la manifestation la plus hardie du progrès des beaux-arts en Amérique, s'adapte aussi très heureusement aux exigences de la vie domestique. Elle fleurit surtout sous cette forme dans le nord de la ville. Les allées plantées d'arbres qui conduisent ail lac sont bordées d'habitations charmantes quand elles ne sont pas prétentieuses et bizarres. C'est un mélange de tous les styles qui ne ressemble pourtant à rien de connu, un compromis entre le château et le cottage, une confusion ingénieuse où les discordances aboutissent parfois à l'harmonie. Devant ces porches pittoresquement irréguliers, ces pignons à tourelles, ces piazzas remplies de fleurs on se dit que, si l'habitant ressemble à sa coquille, les gens de l'Ouest sont calomniés ; ils ont au moins de la fantaisie. On franchit le seuil : de bons tableaux couvrent les murs, môme dans les maisons qui ne recèlent pas des collections considérables ;

partout des tapisseries anciennes, des meubles précieux... Ne tirons pas de là une conclusion trop prompte. Sans doute la plupart des heureux propriétaires de ces choses s'en remettent encore au goût de l'architecte ; mais il est certain néanmoins que leur éducation se fait, qu'ils apprennent à comprendre ce qui est beau en le possédant. Leurs femmes contribuent aussi pour une grande part à les éclairer. Nombre de gens riches se sont mariés hors de Chicago ; de même les Romains enlevèrent les Sabines.

Dans une somptueuse maison de Prairie Avenue, la maîtresse du lieu me dit, en m'invitant à un lunch et en me nommant toutes les dames qui devaient y assister : — « Aucune d'elles n'est de Chicago, bien qu'elles y tiennent toutes le haut du pavé. » — Oserai-je dire que trois ou quatre des plus aimables parmi celles que j'ai rencontrées ailleurs étaient simplement indigènes? Oui vraiment, il y a de tout à Chicago; des parvenues au verbe haut, à l'apparence commune, et des femmes aussi distinguées de visage, de toilette et d'esprit que si elles étaient nées dans l'Est, des intérieurs esthétiques où l'on parle d'art, de littérature, etc., et des usines pareilles à des forteresses côtoyant d'autres montagnes de granit qui chaque jour, vers six heures, vomissent des milliers de gens d'affaires dans les rues les plus sales du monde ; des palais de millionnaires et des échafaudages de bureaux d'où vous tombez du quatorzième ou même du vingtième étage, étourdi par la vitesse vertigineuse de l'ascenseur; des parcs superbes et des terrains vagues désolés; des caravansérails aux murs d'onyx et aux pavés de mosaïque comme l'Auditorium (qui loge par surcroît un théâtre magnifique) et des huitreries, des cabarets, des brasseries, *oyster houses, wine rooms, beer saloons*, appropriés à tous les goûts, même les plus ignobles.

Il y a des massacres de bétail qui défient tous les assommoirs, des *stockyards* où les amateurs de carnage vont voir couler par torrents le sang des cochons, et il y a de grands bouchers qui sont en même temps les plus grands de tous les philanthropes. Voir l'Institut Armour, cette école modèle des arts et métiers à laquelle son fondateur a fait une donation de 1400 000 dollars, sept millions de francs, sans préjudice de la mission du même nom où se trouve une bibliothèque, un Kindergartan, un dispensaire, et où chaque dimanche 1800 jeunes gens des deux sexes, dont beaucoup, sans cela, n'auraient pas de foyer, se réunissent pour apprendre ce que c'est que la vie spirituelle, la vie intellectuelle, la vie de famille, les amusements honnêtes. M. Armour passe l'après-midi au milieu de ses enfants, de ceux qu'il appelle amicalement ses partners, ses associés. Et là aussi, derrière cette entreprise humanitaire colossale, comme les entreprises industrielles qui l'alimentent, il y a, paraît-il, une collaboration féminine.

Le jour où l'on me dit en me montrant un orgueilleux édifice de treize étages, — huit de moins seulement que le temple maçonnique : « Voilà le temple des femmes, the Women's temple », je ne fus nullement surprise ; il me parut tout naturel que dans la principale rue du quartier des affaires, au milieu du tumulte de la Bourse, de la Chambre de commerce, des compagnies d'assurances, etc., se dressât ce symbole public de vénération et de gratitude. On m'expliqua ensuite que le temple, ainsi nommé en abrégé, est celui de la tempérance, et qu'il a été érigé par les femmes. Sa construction a coûté plus d'un million de dollars, et c'est une femme qui a trouvé les fonds, une femme qui possède les aptitudes les plus rares chez son sexe, des aptitudes financières.

Mrs M. B. Carse mit dix 'années à réaliser son plan et y réussit en s'assurant le concours d'une autre femme célèbre par l'élan qu'elle donne depuis une vingtaine d'années à l'Union de tempérance, miss Willard. Frances Willard a consacré sa vie à préconiser le système du gouvernement de soi-même ; elle dirige le mouvement de la Croix blanche, qui dans beaucoup d'Etats a obtenu des lois spéciales pour la protection de la femme. Antagoniste déclarée du mortel ennemi de l'Amérique, l'ivrognerie, elle l'attaque par toutes les armes qui lui tombent sous la main; la société de tempérance enveloppe d'un réseau actif toutes les villes grandes et petites ; elle a élu son quartier général dans celle où le mal sévit de la façon la plus effrayante, et il paraît que l'œuvre philanthropique est, comme cela doit toujours être, selon l'opinion américaine, une bonne affaire en même temps, puisque le revenu annuel des bâtiments du temple est supposé devoir atteindre 250000 francs.

Les membres de la société de tempérance sont liés par un serment qui les condamne aux boissons les plus fades. Chez eux on ne vous offre que de l'eau glacée, de la bière de gingembre, tout au plus du jus de raisin non fermenté, qui ressemble à de l'eau de groseille. Je me rappelle les regards méprisants jetés sur moi à l'hôtel ou au restaurant par certaines dames qui me voyaient boire du vin. J'étais évidemment un objet de scandale, ce qu'il faut en Amérique éviter à tout prix. L'anecdote suivante me fut racontée par une amie qui d'ailleurs me versait sans scrupule, tout en déjeunant, du bordeaux et môme du Champagne : une Italienne, de passage à Chicago, avait été invitée dans une maison où sévit la tempérance. — Que buvez-vous? lui demande la maîtresse du lieu : thé, café, cacao? — L'étrangère répond avec franchise qu'elle a l'habitude du vin. — A merveille, vous permettrez seulement qu'on vous le serve dans une théière pour ne choquer personne.

V.

La population étrangère de Chicago - Hull-House.

Il m'en coûte de ne pas parler, à propos du temple de la tempérance, des grands bâtiments de Chicago; mais la tâche serait trop longue, outre qu'elle m'éloignerait de mon sujet. Ces géants, dont on a depuis peu limité la hauteur à 150 pieds, continuent à se multiplier et rien n'est plus curieux que d'assister à leur construction rapide. La charpente d'acier se dresse d'abord toute nue, pour être ensuite enveloppée de brique ou de pierre, comme d'un manteau plus ou moins magnifique. Très souvent les maçons commencent le revêtement par les étages supérieurs habités déjà, tandis que les assises de l'édifice ne semblent pas encore posées.

Un ascenseur vous emporte au huitième étage dans un store où Ton vend de tout, depuis les habits jusqu'à la nourriture, depuis l'argenterie jusqu'aux ustensiles de cuisine, tandis que le rez-de-chaussée reste à l'état d'ouvrage à jour. Le trottoir en carreaux de verre assure aux sous-sols une lumière suffisante ; quant aux caves, l'argile molle où s'enfoncent les fondations ne permet guère d'en creuser. Il faudrait à la fois un Turner et un Raffaelli pour rendre l'effet des rues populeuses de Chicago, de ces sky-scrapers, au flanc desquels scintille le soir un éclairage électrique intermittent :

des grappes flamboyantes de toutes couleurs s'accrochent çà et là en guise d'affiches et d'annonces, d'autres affiches flottantes sont jetées d'une maison à l'autre au-dessus de la large voie où gronde un bruit sourd comme celui de la mer, le mugissement régulier d'une machine montée sur lequel se détachent les éclats du gong annonçant le passage ininterrompu des *electric* ou des *cable cars*. Et à travers ce tumulte régulier, sans cris, sans fracas ni désordre, coule un flot humain dans lequel vous reconnaissez des échantillons du monde entier. Sur 1100 000 habitants de Chicago, il n'y a pas en effet plus de 300000 Américains de race. Allemands, Irlandais, Suédois, Polonais, se poussent et se coudoient, tous apparemment très pressés, personne ne déviant de la ligne droite au risque de vous renverser. Çà et là une petite échoppe de fruits blottie à l'angle d'un mur enfumé vous rappelle l'Italie avec ses guirlandes de raisins et de bananes, ses pyramides d'oranges, de citrons, de pommes rouges, de fruits californiens plus appétissants qu'ils ne sont savoureux. Deux yeux noirs brillent dans ce cadre si pauvre et si gai, les yeux de braise d'un Sicilien qui flâne, seul de son espèce, tout en offrant la marchandise qu'il sait parer et faire valoir, car il a le sentiment du pittoresque, pour paresseux et indiscipliné qu'il soit.

Large épanouissement de la race nègre qui pullule, souvent plus que déguenillée, mais toujours le sourire aux lèvres; figures Scandinaves placides et blondes; Bohémiens, si nombreux que Chicago se trouve être la troisième ville de Bohême ; types Israélites au teint basané, au bec d'aigle, comme le juif qui, planté à l'entrée du panorama de Jérusalem, vous fait les honneurs du tableau de Doré et vous vend de l'eau du Jourdain.

J'eus l'occasion de bien regarder cette multitude bariolée de tous les types et de toutes les couleurs aux obsèques du maire Harrison, assassiné presque à la veille de son mariage par un de ces fous, *cranks*, que l'on pend sans hésiter en Amérique, ni plus ni moins que s'ils étaient raisonnables, dès qu'ils s'avisent de troubler l'ordre. Harrison était un politicien très populaire parmi les amateurs du genre de liberté qui consiste à laisser ouverts le dimanche les bars, les théâtres et les maisons de jeu. A ses obsèques affluait donc une plèbe sympathique. Jamais je ne vis autant de mauvaises figures. Le défilé tarda longtemps à paraître sur le chemin qui conduit de l'église au cimetière, des policemen de Chicago, des colosses qui semblent taillés tout exprès pour tenir en respect une population de malfaiteurs, refoulaient brutalement les curieux des deux côtés de la rue sans exciter de murmures. Le silence était absolu; aucun témoignage d'impatience, pendant l'interminable attente, aucune remarque lorsque parut la procession funèbre qui dura deux heures au son de la musique militaire : les milices, les clubs, les francs-maçons avec leurs insignes, des personnages officiels délégués par les différents districts suivaient le char d'un singulier mauvais goût. Tout le monde à cheval ou en voiture, le chapeau sur la tête bien entendu, et galopant vers le lointain cimetière. On ne perd pas de temps à ensevelir les morts sur cette terre par excellence des vivants. C'était le 1" novembre, — comme un dernier tableau de la *Worlds'fair*, la clôture. A toutes les boutonnières brillait le portrait de Harrison, imprimé en argent sur une cocarde de deuil; mais je ne vis pas d'autre signe d'émotion. Le côté intéressant du spectacle était la foule à laquelle les juifs russes fournissaient un contingent lamentable. L'émigration, — une émigration involontaire, — a jeté ce Ilot sur les rivages du Nouveau-Monde, très malheureusement, — des gens qui ne savent pas la langue, ne comprennent pas la loi et sont, avec l'écume italienne, un sujet d'inquiétude justifié pour le pays qui les a reçus. Leur misère paraît sans remède parce qu'elle est le résultat, non pas seulement de toutes les infortunes, mais de tous les vices, de toutes les révoltes et d'une complète incapacité. Dépaysés dans un monde neuf où chacun travaille pour soi avec une vigueur, une suite, une ténacité inouïes, ils n'auraient guère d'autre alternative que celle de se faire pendre ou de mourir de faim sans l'inépuisable pitié féminine qui leur assure du pain et leur crée de l'ouvrage.

Hull-House est, entre autres choses, le refuge des étrangers indigents.

Hull-House a été fondé par miss Jane Addams. On vous dira qu'elle s'est inspirée pour cela d'un des plus admirables établissements philanthropiques qui existent en Angleterre, Toynbee-Hall. On vous dira aussi que des centaines de maisons à peu près semblables à la sienne existent aux Etats-Unis, et de fait il n'y a pas de ville où je n'aie vu des settlements très bien organisés.

Mais celui de miss Addams reste néanmoins unique par le caractère qu'il emprunte à la personnalité de sa directrice, par l'ascendant incomparable que celle-ci exerce.

La théorie que les riches ont besoin des pauvres autant que les pauvres ont besoin des riches décida de toutes les entreprises de miss Addams; elle voulut mettre sa fortune, son temps, son intelligence au service de cette idée. Pour commencer, elle acheta dans un quartier perdu un immeuble dégradé où se faisaient des ventes à l'encan, Hull-House, ainsi nommé du nom de son constructeur. Elle le repara, l'embellit, lui donna une apparence propre, riante, familiale, puis s'y installa avec son amie et associée miss Starr. Beaucoup d'autres vinrent petit à petit prendre part à l'œuvre dans une mesure grande ou petite. Pour faire bien comprendre au lecteur ce qui se passe à Hull-House, le plus simple est de l'inviter à m'y suivre.

Avec la personne qui doit me présenter, je roule un certain soir très longtemps en voiture sur un pavé abominable, à travers des rues fangeuses, bordées de tristes baraques et de ces saloons qui participent du tripot et de l'estaminet. Nous nous arrêtons enfin devant un grand bâtiment aux fenêtres éclairées.

Dès le seuil, je suis accueillie par une jeune femme souriante et vive, miss Ellen Starr. C'est à elle que je dois le premier aperçu de l'établissement qu'elle me fait visiter en détail. L'heure est favorable, car tous les membres du « Jane's Club » sont rentrés au gîte.

Ce club d'ouvrières placé sous l'invocation pour ainsi dire de Jane Addams forme une annexe indépendante de Hull-House dont il est cependant un des traits les plus intéressants. Les jeunes filles qui le composent gagnent toutes leur vie comme couturières, modistes, lingères, demoiselles de magasin, sténographes, typographes, copistes à la machine, que sais-je? Dispersées autrefois dans des pensions quelconques, dans des maisons garnies plus ou moins respectables, elles ont maintenant l'abri d'un home où leurs habitudes se sont affinées.

Une grosse Allemande fort experte dirige les affaires matérielles du club qui en est venu à se soutenir seul avec ses propres ressources. Dans le salon, je trouve deux jeunes filles prenant, leur journée finie, une leçon de piano. Une autre, rentrant de son atelier, expédie un souper tardif dans la jolie salle à manger éclairée au gaz comme tout le reste de la maison, que chauffe un calorifère, luxe habituel en Amérique et même poussé beaucoup trop loin généralement, car presque partout, on étouffe, La plupart de ces demoiselles sont rentrées dans leurs chambres au premier et au second étage. Miss Starr va leur demander de permettre qu'une dame étrangère, qui ne fait que passer à Chicago, envahisse leur domaine, et elles y consentent avec la bonne grâce de personnes qui savent qu'elles ne perdent rien à se laisser voir de près. Les chambres sont en effet presque élégantes: dortoirs à deux, trois et quatre lits pour la plupart, mais divisées par des paravents, des portières et donnant au premier aspect une impression d'ordre et de netteté parfaite. Quelques jeunes filles se reposent, en lisant, dans des rocking chairs, d'autres commencent à se déshabiller ou peignent leurs cheveux devant la glace. Les surprenant de cette façon, j'ai la preuve immédiate de ce que m'a dit miss Starr : — « Ce sont de plus en plus des filles bien élevées.» — Elevées par le contact quotidien des meilleures entre les femmes. — Je m'excuse de mon intrusion, et elles répondent avec une politesse qui m'étonnerait fort si j'avais eu le temps de faire connaissance en Amérique avec d'autres personnes de cette même condition dans des milieux différents. Bien entendu elles profitent de tous les avantages qu'offre Hull-House, bibliothèques, conférences, etc. Miss Starr leur fait un cours spécial sur des questions d'art et me raconte que souvent ses élèves lui apportent leurs petites économies pour les appliquer à l'achat de photographies qu'on leur envoie d'Italie, photographies de tableaux de maîtres que j'ai remarquées en effet sur tous les murs de la maison. Les préférences d'une majorité nombreuse sont pour Botticelli. Botticelli populaire dans les faubourgs de Chicago, n'est-ce pas étrange? L'influence de l'enseignement de miss Starr y est, je suppose, pour beaucoup, et aussi l'influence du type physique de miss Addams, qui ressemble plus que personne en ce monde à un Botticelli avec sa figure do sainte, pâle, anxieuse, aux joues légèrement creusées, au front pensif, avec ses grands yeux profonds dont le regard n'effleure que vaguement tout ce qui n'est pas une douleur ou une misère.

— Je ne veux pas dire, — explique miss Starr, — que toutes nos filles aient des goûts aussi délicats, il y en a qui aiment la toilette, les frivolités; celles-là aussi sont libres de suivre leur penchant. Nous comptons pour les conduire plus haut sur l'exemple des autres, sur l'atmosphère de la maison où du reste la vie n'a rien d'austère. Chaque semaine elles donnent une petite soirée ; musique, rafraîchissements, rien ne manque. Elles ont leur part d'honnête superflu.

L'aimable visage de miss Starr rayonne à cette pensée.

Nous regagnons le bâtiment principal: un large vestibule le partage en deux; à droite et à gauche, il y a de grandes pièces où j'entre pour constater ce qui, d'une manière ou d'une autre, se produit chaque soir. Dans la première salle d'étude, une dame canadienne enseigne le français à une douzaine d'élèves. Dans la seconde, une lecture a lieu; ailleurs quelques jeunes gens dessinent, toujours sans aucune séparation de sexes.

Les fils des riches habitants de Chicago s'occupent du club des garçons, entrant en rapport avec ces gamins déshérités naguère et qui aujourd'hui apprennent en s'amusant toute sorte de choses : le modelage, la sculpture sur bois, la géographie, l'histoire d'Amérique, même un peu de latin, sans parler de tous les jeux de leur âge. Ils ont un superbe gymnase éclairé comme en plein jour, où je les vois faire des exercices après lesquels plusieurs prennent une douche : les bains établis à Hull-House ont contribué autant que quoi que ce soit à la santé physique et morale du quartier. Mais le grand bienfait c'est la cuisine : un ordinaire substantiel et varié attend à l'heure des repas tous ceux qui veulent se nourrir au plus bas prix possible ; on emporte chez soi tel ou tel plat, et on peut prendre des leçons qui en valent bien d'autres, car dans cette belle et claire cuisine, garnie de tous les engins les plus nouveaux et les plus économiques, fonctionne une école spécialement organisée par les demoiselles de la ville; celles-ci sont assidues aux soirées de couture où les petites filles, tout en travaillant, écoutent des histoires qui ne laissent pas leur imagination inactive. Plusieurs d'entre elles aussi aident au Kindergarten, lequel chaque matin réunit dans le vaste local qu'on appelle à d'autres heures la salle d'assemblée les enfants des environs.

Personne n'est oublié, ni petits ni grands, ni vieux ni jeunes.

Miss Addams tient à ce que les pauvres étrangers qui habitent le quartier, gardent de leur patrie respective tout ce qui est bon ; à cet effet chaque nationalité a un club. L'un des plus fréquentés est le club allemand du vendredi où l'on chante les vieilles chansons populaires, où on lit Schiller, tandis que les aiguilles à tricoter vont leur train.

Nous traversons rapidement des salles de lecture remplies d'ouvriers qui feuillettent des journaux, des revues de tous les pays. A l'étage supérieur ils trouvent un billard, des amusements variés. — Bien souvent, me dit miss Starr, c'est un besoin de sociabilité qui conduit les plus faibles à fréquenter des antres où l'on boit et où l'on joue de l'argent. Nous ne voulons pas que nos hommes aient ce prétexte. Certes il y en a beaucoup qui ne se contentent pas de ce que nous leur offrons, mais si petit que soit le groupe, c'est autant de sauvé. Tous les soirs d'ailleurs ils peuvent venir à l'un des clubs qui fonctionnent comme ceux que vous venez de voir, aux clubs allemand, de physique, de dessin, d'économie politique. Nous sommes très fiers de notre galerie de peinture où ont eu lieu déjà cinq expositions. Les possesseurs de tableaux nous prêtent généreusement leurs chefs-d'œuvre.

L'idée d'aumône est, on le voit, complètement écartée du système de miss Addams. Elle facilite la vie des pauvres, voilà tout; elle y fait entrer dans la plus large mesure possible ce qu'ils envient aux riches ou plutôt elle cherche à effacer les distances en établissant des relations de bon voisinage entre riches et pauvres, «hommes, femmes, enfants, dit-elle, réunis en famille, comme Dieu les mêle ». A personne elle ne demande compte de ses croyances. La croyance générale, c'est l'humanitarisme chrétien, l'esprit du Christ manifesté dans des œuvres d'amour.

De tous côtés des secours lui arrivent. Voici l'histoire du grand terrain de récréation où les jeunes gens peuvent se livrer avec délices aux jeux athlétiques qui comptent parmi les institutions américaines pour ainsi dire : Il y avait là autrefois un *tenement house* sordide, une ruche infecte où de pauvres ouvriers vivaient serrés les uns contre les autres, dans les plus détestables conditions d'hygiène et la plus fâcheuse promiscuité. Le propriétaire de cette masure, qui était pour miss Addams le pire de tous les voisinages, habitait l'étranger et se souciait très peu de la façon dont était administré son immeuble. Miss Addams cependant ayant dénoncé ce qui se passait, il répara une bonne fois SOS torts involontaires, donna l'ordre d'abattre les bâtiments, et offrit à Hull-House le terrain déblayé. Maintenant les garçons du quartier ont une cour de récréation superbe que la ville, ne voulant pas être en reste d'obligeance, fait surveiller par un policeman attitré.

Quand nous sortons à une heure avancée de cette maison de refuge et de secours qui brille dans la nuit comme un phare de salut, la portière de notre voiture est ouverte par un gamin qui passe.

— Il n'y a pas beaucoup d'années que celui-là et ses pareils nous auraient jeté des pierres, me dit l'ami qui m'accompagne.

La plus intéressante visite que j'aie faite à Hull-House fut un soir où le club des ouvriers s'y réunissait, un club où la science sociale parle volontiers le langage de l'anarchie.

Je suis invitée à dîner; miss Addams, assise au bout de la longue table, sert tout en causant, comme pourrait le faire une aimable maîtresse de maison. Aux murs de la vaste pièce bien éclairée, dont tous les meubles luisent de propreté, sont accrochées de grandes photographies au charbon reproduisant, avec quelques chefs-d'œuvre de la peinture italienne, les tableaux les plus célèbres de Millet. Linge très blanc, menu à la fois abondant et modeste; on ne boit que de l'eau, bien entendu; la tempérance règne. Mon voisin de droite, qui a fait son droit à Paris, rappelle sa vie d'étudiant; comme la plupart des convives, il compte parmi les aides de miss Addams, hôtes temporaires ou permanents de Hull-House. Parmi eux, je reconnais, non sans surprise, deux jeunes *lawyers* avec lesquels j'ai dîné la semaine précédente en tout autre compagnie.

Il est admis que les célibataires invitent et reçoivent les dames, à certains jours déterminés, dans leurs clubs respectifs. J'avais donc été priée d'un dîner très littéraire, très agréable et arrosé d'excellent Champagne, dans un des grands cercles de Chicago.

Tout aux choses mondaines ce jour-là, les deux amis ne ressemblaient guère à des réformateurs absorbés par une œuvre philanthropique. Je m'informe, et j'apprends que pareil exemple n'est pas rare. Chacun apporte ce qu'il peut dans cette ligue de bienfaisance : hommes d'affaires, médecins, professeurs des écoles, institutrices, ecclésiastiques, mères de famille contentes de donner au moins quelques moments à la crèche qui soulage tant d'autres mères. Ces messieurs me disent simplement qu'ils ont pris pension à Hull-House pour trois ou quatre semaines. Ils parlent sans le moindre orgueil de la tâche qu'ils poursuivent et qui n'a rien de facile : inspirer confiance à des êtres aigris ou ensauvagés, se rendre compte de leurs besoins, les aider à se suffire. Evidemment on les étonnerait, on les embarrasserait en leur exprimant de l'admiration pour ce qu'ils jugent tout naturel.

Après dîner nous passons dans le parloir où, pendant une demi-heure environ, la conversation roule sur les sujets les plus variés, voyages, beaux-arts, etc. Je cause avec un bibliophile qui connaît toutes nos éditions de luxe el commande ses reliures à Paris. Il est beaucoup question de la France. Là, comme ailleurs, je sens que nous n'occupons pas le premier rang. On nous accorde d'avoir tout trouvé, tout inventé, tout commencé, quitte à nous laisser distancer ensuite par des intelligences plus profondes et des volontés plus persévérantes; on nous témoigne beaucoup de sympathie, mais l'estime n'entre pas à dose égale dans des jugements portés avec une extrême politesse d'ailleurs. Nous sommes toisés d'après les révélations de nos romanciers que l'on place très haut au point de vue purement littéraire, en affectant de n'avoir lu que celles de leurs œuvres qui sont les moins répréhensibles quant à la morale : de Paul Bourget on loue André Cornelis, Cosmopolis et ses Essais de psychologie; de Maupassant un choix de nouvelles très bien traduites, paraît-il, par Bunner qui excelle lui-même dans les histoires courtes. Pierre Loti est, comme lui, connu par les traductions, ce qui me fait répondre avec quelque impatience qu'on ne le connaît pas du tout. Cette remarque est à peine comprise, car la forme importe en Amérique beaucoup moins que le fond, même aux yeux des gens qui se disent artistes. Alphonse Daudet pourtant réunit tous les suffrages. On classe Sapho, non seulement parmi les beaux, mais parmi les bons livres.

Un bruit étouffé de pas et de voix n'a cessé de se faire entendre dans le vestibule. Huit heures sonnent; nous retournons tous dans la salle à manger qui s'est transformée en salle de conférence.

Un rideau tiré découvre une plate-forme et devant elle les bancs et les chaises sont occupés déjà. L'élément qui domine est cosmopolite : beaucoup de ces juifs russes que j'ai rencontrés déjà, hâves, barbus, aux pommettes saillantes ; leurs yeux noirs, tristes jusqu'à la désolation ou ardents comme ceux de loups affamés, parlent de longues persécutions, de voyages épuisants, d exil sans espoir.

Comprennent-ils l'anglais? Quelques-uns seulement, je pense; les autres, le coude sur leur genou, le menton dans la main, tendent avidement la tête comme pour saisir un secours dans un mot. Mais ces mots qui consolent, il ne semble pas d'abord que l'orateur introduit sache les prononcer. C'est un professeur de l'université, qui est aussi ministre de l'église baptiste, un homme de haute taille, d'aspect intelligent et froid, très correct dans son col blanc et sa redingote longue. Avant qu'il n'ait pris la parole, le président élu ce soir-là, un petit vieillard du quartier, assis sur la plate-forme à côté d'une table qui porte comme un rappel à l'ordre la montre de miss Addams ; le président a dit d'une voix goguenarde en s'adressant à l'assemblée : « On nous annonce que nous avons parmi nous aujourd'hui un personnage de grand savoir, un professeur fameux. Nous ne doutons pas qu'il ne nous instruise et qu'en même temps il ne nous amuse. »

L'ironie a été saisie sur plusieurs bancs. Des sourires amers ou sinistres passent sur plus d'un visage, puis un profond silence s'établit. Ce silence de mort persiste, sans l'ombre d'une interruption, tandis qu'une heure de suite, le temps déterminé, M. H... traite des problèmes sociaux, qui s'imposent partout à l'attention du monde, essayant de prouver qu'on aurait tort de rendre les individus responsables de changements causés par les progrès de l'industrie. Plein de pitié, dit-il, pour les erreurs de l'anarchie qu'il conçoit, qu'il excuse, mais que la société ne saurait tolérer, il demande aux travailleurs la patience, l'effort régulier, cette épargne si peu pratiquée en Amérique, de même qu'il demande aux riches, pour égaliser un peu les conditions, de généreux sacrifices qui ne peuvent être que volontaires. Tout ce qu'il dit est très sage, mais on sent, il doit sentir lui-même, qu'aucun courant do sympathie ne s'établit entre lui et ses auditeurs.

Quelques hommes cependant écrivent sur des chiffons de papier. Quand il a fini, le vieux petit président, dont la figure ridée rappelle celle de Voltaire, cligne malicieusement ses paupières rougies, et dit du même ton incisif qui le rend très drôle : « J'avais prédit que vous nous instruiriez en nous amusant. Vous nous avez certainement amusés... » Puis il donne la parole pour six minutes à l'un des étrangers, un Bohémien, je crois, qui s'est levé tremblant d'émotion, pâle jusqu'aux lèvres. Son jargon est d'abord presque inintelligible, mais ce qu'il dit n'a rien de vulgaire, et, à force de volonté, il se fait entendre.

— Soit, déclare-t-il, personne n'est coupable apparemment, aussi n'en voulons-nous à personne; comment faire cependant? Moi, j'étais cordonnier; allez donc proposer maintenant de fabriquer, un soulier à vous tout seul, quand plusieurs machines sont chargées de clouer et de coudre chacune de ses parties! On envoie promener, sans compensation, l'homme qui, ayant appris un état, n'en peut plus vivre. Du reste, vous avez raison, il n'y a pas de vengeance à tirer de tout cela; il n'y a qu'à attendre. La nature se charge de supprimer ce qui est mauvais ou inutile. Quand vous voyez un ivrogne rouler d'un côté à l'autre de la rue, vous savez qu'il n'en a pas pour longtemps, que cette existence dégradée va finir par la faute même de celui qui la mène. Eh bien! quand je vois passer dans sa voiture un homme inutile, je me dis que c'est la même chose pour ses pareils... Attendons!

Je suis sûre de n'avoir rien ajouté aux paroles de cet être étrange qui certainement avait lu Schopenhauer; moi aussi je prenais des notes. Sa main de squelette crispée au barreau de la chaise devant lui tremblait toujours, tandis qu'il luttait contre les difficultés d'un accent bizarre, impossible à définir. La tête était superbe, brune et accentuée comme celle d'un Arabe. Quand il se tut, il ferma les yeux et resta frémissant, le menton abattu sur sa poitrine qui haletait.

Après lui, un gros homme blême, à l'air débonnaire, pose quelques questions, d'un air de bonne foi, sur les moyens de se procurer du travail; il n'y a réussi ni avec l'aide des églises, ni par l'intermédiaire des bureaux de secours.

Un autre, au teint tanné comme celui d'un paysan, mais le rouge du whisky aux joues, déclare, presque en riant, que, pour sa part, il n'en veut pas aux scieries mécaniques, sachant combien il est dur de travailler de ses bras, par tous les temps, dans les forêts, et cela des années de suite. N'empêche que les trois ans pendant lesquels il s'est donné le plus de mal ne lui ont rien rapporté que sa nourriture. Etait-ce juste?

Alors un petit Allemand se dresse, rageur comme un roquet qui va mordre; il a la face d'un carlin, le nez en l'air, de gros yeux saillants, le poil jaune, la voix nasale et vibrante : — Ça va bien aux professeurs et aux ministres, ça va bien aux fainéants, s'écrie-t-il, de faire la leçon à ceux qui se tuent de travail. Ils n'en auraient le droit que s'ils venaient vivre parmi eux, peiner comme eux. Ils savent bien que la société est mal organisée, et qu'en justice il faut qu'elle change du tout au tout, de gré ou de force ; mais ils ne veulent pas en convenir, de peur de perdre leurs places et leurs salaires, étant des poltrons, des lâches et des voleurs.

L'irascible Allemand dépense plus que les six minutes réglementaires en invectives que le malin président n'arrête qu'à regret.

Il faut de la patience au professeur. Il écoute, sans réplique, les injures qui lui sont jetées à la face. Je m'étonne que miss Addams laisse maltraiter ainsi ses hôtes. Miss Starr se penche, anxieuse, à son oreille, et semble lui demander d'intervenir; mais je crois l'entendre répondre : « Nous les connaissons, ils ne sont pas si terribles qu'ils en ont l'air. » Et elle garde une attitude impartiale, sa conviction étant qu'il faut une soupape de sûreté à toutes ces colères, à toutes ces rancunes.

D'ailleurs le travail intellectuel trouvera des défenseurs.

Un jeune homme frêle, aux yeux irlandais, d'un bleu vif, mieux vêtu que les autres, une chaîne de montre à son gilet, proteste contre l'épithète de fainéants appliquée à tous ceux qui ne sont pas de simples manœuvres. Il a, dit-il, travaillé des deux façons, et trouve que le plus rude effort est encore celui du cerveau. Très simplement, il raconte ses propres expériences. Après des années où il avait manqué de tout, il est allé en Californie, et maintenant il dirige un ranch considérable avec beaucoup de travailleurs sous ses ordres. Parmi ceux-là, quelques-uns prospèrent, comme il a prospéré ; mais pour réussir il ne s'agit pas de ne faire que son devoir tout tranquillement ; ce n'est pas assez en un temps de compétition enragée. Là-dessus il cite l'exemple de deux garçons, ses subordonnés : l'un était bon ouvrier en ce sens qu'il s'acquittait de sa tâche à la lettre. On l'a payé et remercié après s'être servi de lui. Le second travaillait jour et nuit, défiant par son zèle toute rivalité. Aujourd'hui il gagne soixante-dix dollars, trois cent cinquante francs par mois.

Conclusion : pour arriver il s'agit de vouloir, mais non pas de vouloir mollement comme tant d'autres, de vouloir enfin ! — Un geste achève sa pensée. Nul ne doute que ce blondin, aux ressorts d'acier, ait voulu, voulu jusqu'à ce qu'il ne lui restât plus de chair sur les os.

Plusieurs encore parlent à la suite, souvent d'une façon bête et lourde : ce ne sont que de vagues balbutiements d'anarchie.

Et en dernier lieu, le petit président, tout voûté, tout ridé, sous ses cheveux blancs qui se hérissent, laisse éclater un emportement de commande. Lui aussi veut répondre à ce beau professeur qui a recommandé l'épargne à ceux qui ne possèdent rien, le travail à ceux qu'on repousse de tous les ateliers et qui s'est montré si sévère à l'égard des tramps, des vagabonds, ayant l'air de les confondre avec les malhonnêtes gens. Un vagabond! mais Jésus-Christ n'était que cela ! C'est dit dans l'Evangile : « Les souris ont leurs trous, les oiseaux leurs nids, mais le fils de l'homme n'a pas une pierre pour reposer sa tète. » S'il revenait, le Christ, ses ministres, loin de le reconnaître, le livreraient à la police pour le faire enfermer. L'épargne! Vraiment, on dirait qu'il n'y a qu'à aller à la Banque faire son petit versement. Le Christ n'épargnait pas, il n'avait pas de domicile! Et voilà comment parlent les faux apôtres d'aujourd'hui qui enseignent censé sa doctrine !

Le petit président se promène sur l'estrade, les mains dans ses poches, haussant les épaules ; mais la montre de miss Addams, qu'il ne quitte pas de l'œil, lui enjoint de s'arrêter, et alors l'événement prouve que la patronne du lieu a raison dans sa théorie favorite.

Il semble que les injures tombées sur lui dru comme grêle aient fait jaillir l'étincelle chez ce savant un peu gourmé, qui était arrivé d'abord appuyé sur son honorabilité supérieure; on l'accuse au nom de l'Evangile, dans l'Evangile à son tour il trouve une arme défensive, mais il s'en sert avec humour, d'une façon familière qui changera les dispositions du club à son égard. Redressant sa carrure d'hercule: — « Si j'ai mal parlé des vagabonds, dit-il, vous m'avez traité, il me semble, de lâche, de fainéant et de voleur; je crois que nous sommes quittes. Je ne vois qu'une seule manière de continuer un entretien pris sur ce ton : sortir dans la rue avec vous, et nous entendre à coups de poing; mais là aussi peut-être vous seriez les plus forts. J'aime mieux reconnaître qu'il y a du vrai dans beaucoup de choses que vous avez dites ; l'insulte cependant ne vaut jamais rien, surtout lorsqu'on ne connaît pas celui à qui on la jette. Je pourrais vous raconter ma vie, vous montrer qu'elle a été dure, c'est inutile. Ecoutez seulement ceci : mon père était à la fois prêtre et médecin, et s'acquittait bien des deux métiers ; aujourd'hui, il ne le pourrait plus ; un médecin a fort à faire pour se tenir au courant des progrès de la science ; il lui faut se spécialiser, choisir entre des branches diverses. Le même homme ne peut plus nulle part fabriquer, comme vous l'avez dit tout à l'heure, un soulier à lui tout seul. Il faut, pour se faire une place quelconque, beaucoup plus de persistance qu'autrefois, il faut se concentrer sur un seul objet. Ainsi, moi, je travaillerais volontiers de mes mains pour mon plaisir même et, fort comme je le suis, je me trouverais bien de retourner la terre dans un jardin deux ou trois heures par jour; mais je ne le peux pas, parce que vous nous confiez vos enfants à élever, et que vous tenez naturellement à ce que nous soyons absorbés tout entiers dans notre besogne qui est de les instruire. Mes amis, on met beaucoup de choses dans la bouche des ministres de la religion, oubliant que ces propos sont presque tous répétés par une classe d'individus particulière, ceux qui ne viennent jamais à l'église. Ce sont ceux-là qui nous attribuent la méconnaissance du Christ. J'ai peut-être parlé trop sévèrement en effet des vagabonds qui ne font rien pour s'assurer du pain et un gîte; ils sont mes frères, eux aussi ; mais, ayant plusieurs frères, il est permis, vous l'avouerez, d'avoir des préférences pour celui-ci ou celui-là, pour celui qui marche le plus droit et qui vous donne le moins de mal, quoiqu'on soit tout disposé quand même à tendre la main aux autres, sans oublier pour cela de les corriger au besoin. Je connais cette manière d'aimer, j'étais seul fils d'une nombreuse famille, et on m'aimait beaucoup, ce qui ne m'empêchait pas d'attraper toutes les reliées, « caught all the licking. »

Sur ce mot de licking, quelques rires partent, suivis d'applaudissements ; puis, enhardis par ce qu'il a dit de sa bonne volonté envers les pires, quelques hommes vont tendre la main à M. H... qui a enfin trouvé la note juste. Je suis étonnée de voir parmi ceux-ci l'Allemand rageur. Il reste longtemps à causer et à discuter dans l'embrasure d'une porte avec la victime de son insolente sortie qui paraît avoir chrétiennement oublié tous les noms qu'il lui a donnés.

L'assemblée se disperse après quelques mots de miss Starr qui indique le jour de la prochaine séance et annonce qu'un prédicateur éminent viendra causer de choses religieuses avec ceux que cela intéresse ; ils seront autorisés à exprimer par écrit leurs doutes, leurs idées personnelles, mais elle espère pour l'honneur de la maison qu'on voudra bien se rappeler les égards dus à des hôtes qui se présentent avec de bonnes intentions et en amis.

Vertement elle adresse aux hommes quelques reproches indirects qu'ils prennent d'un air moitié timide et moitié insouciant.

Miss Addams cependant est entourée par un groupe à qui elle explique comment une grosse provision de charbon ayant été faite à Hull House, ils pourront venir l'acheter moins cher qu'au détail. La nouvelle est bienvenue à l'entrée de l'hiver; mais je .crois que ce qui fait encore le plus de bien à ces misérables c'est la bonté du regard fixé sur eux, un regard qui souffre, car les yeux de miss Addams, si beaux qu'ils soient, viennent dc subir une opération douloureuse. Cette raison, pas plus qu'aucune autre, ne la détourne de sa tâche habituelle. Maladive dès sa première jeunesse, elle a répondu à l'arrêt des médecins qui prétendaient qu'elle ne pourrait vivre qu'à la condition de s'épargner toute fatigue, par une dépense d'énergie extraordinaire. Et elle vit par miracle, elle oublie son corps; c'est peut-être l'exemple le plus parfait et le plus inconscient du genre d'hygiène morale qui devient à la mode aux Etats-Unis sous le nom de Christian science, et dont j'aurai l'occasion de parler plus tard.

Bien entendu, miss Addams l'ait partie du Woman's Club comme Mrs Carse, comme miss Willard, comme Mrs Logan, que la charité a conduite vers la plus répugnante de toutes les besognes, celle de la police. Mrs Logan est devenue matrone en chef et fait dans cette situation un bien incalculable. Les malfaiteurs et les malheureux sont emmenés pêle-mêle au même poste; là elle procède à un triage ; elle prend soin des pauvres filles qui ont encore quelque étincelle de sens moral, elle leur assure le moyen de se relever. Elle plaide pour ses protégées au besoin, les accompagne devant le juge afin de leur donner du courage, ne connaît ni fatigue ni dégoût.

Il faut bien reconnaître à de pareilles femmes le droit de réclamer certains privilèges, car elles s'imposent de grands devoirs. Je suis mise au courant de leurs œuvres par une des célébrités de Chicago, Mrs Margaret Sullivan, qui, brillant journaliste, écrit chaque jour l'article de fond du Herald. Elle me dit : « La force des réformatrices américaines tient à ce qu'elles ont toujours mérité personnellement l'estime publique; aucune d'elles n'a versé dans des excentricités de mauvais aloi, réclamant l'amour libre par exemple ou affichant des théories socialistes dangereuses. Même les premières en date, celles qui se sont signalées avec plus de fracas qu'on ne le fait aujourd'hui et qui attiraient sur elles le genre de ridicule qui frappe les shriekers (les criardes), étaient sans exception irréprochables sous le rapport des mœurs. Les Stanton, les Anthony, les Lucy Stone, ces apôtres de l'émancipation de la femme, ont pu être traitées d'énergumènes au début, mais on a toujours vénéré en elles des femmes de bien. Les membres les plus avancés du Woman's Club sont de bonnes épouses et de bonnes mères. Aussi les hommes ne voient-ils aucune raison de contrarier le mouvement qu'elles dirigent; ils applaudissent à leurs efforts, à leurs succès; le jour où il plairait aux femmes de réclamer des droits politiques complets, ceux de leur famille et de leur entourage n'y feraient aucune opposition; elles ne sont retenues que par leur propre sagesse. »

Mrs Sullivan parle ainsi en me faisant visiter les bureaux, l'imprimerie, toute la vaste et magnifique installation du Herald dont elle est le rédacteur le plus payé, ce qui est beaucoup dire.

Trois autres femmes collaborent régulièrement à ce journal; j'ai grand plaisir à causer avec l'une d'elles, Mrs Mary Abbott, chargée de la partie purement littéraire, critique et variétés. On voit que les femmes sont partout en évidence à Chicago. Aucun nom peut-être ne fut répété aussi souvent que celui de Mrs Potter Palmer, parmi les noms des organisateurs de la World s f air, et c'est une jeune fille, un poète charmant, à figure de muse, miss Harriet Monroe, qui a été chargée d'écrire l'ode colombienne récitée, pour le quatre centième anniversaire de la découverte de l'Amérique, le 21 octobre 1892, durant les fêtes d'inauguration du palais des arts libéraux. Certains passages, mis en musique, furent rendus par un chœur de cinq mille voix avec accompagnement d'un immense orchestre et des musiques militaires.

Miss Monroe, qui appartient à une famille d'artistes et de lettrés, est l'auteur d'une tragédie en vers et de petits poèmes qu'on ne saurait en rien comparer aux plantes sauvages de l'Ouest.

Les amateurs de ce genre de produits doivent les demander au jardin d'ailleurs très mélangé d'Eugène Field, l'écrivain local par excellence. Je l'ai dit, Chicago réunit tous les contrastes, mais rien n'est plus inattendu que le règne des femmes dans ce grand centre d'une virilité si âpre, dans ce foyer du trafic et de l'industrie, où tout semble rude au premier aspect, le climat, l'atmosphère ambiante, tant morale que physique. Nulle part il ne m'a paru aussi fortement accentué, quoique du Nord au Sud, et de l'Est à l'Ouest, on n'entende, somme toute, qu'une paraphrase du mot de Stuart Mill, éloquemment commenté par Mrs Maud Howe Elliott, à l'occasion de la foire universelle : « L'heure de la femme a sonné. » Elle sonne en effet aux Etats-Unis, avec le consentement chevaleresque des hommes.

Chapitre II

I.

Boston

J'ai passé à Boston plus de temps que dans aucune autre ville des Etats-Unis, et plus j'y ai vécu, plus je m'y suis attachée. Mais je n'ai pas eu pour cela de violence à me faire ; la première impression avait suffi ; et aujourd'hui encore, quand j'essaie de rassembler mes souvenirs, c'est elle qui les domine et qui les éclaire : avant de m'apparaître comme la ville la plus polie de l'Amérique, Boston m'éblouit comme un rêve de beauté. La cause en est peut-être aux circonstances de mon arrivée. Il faisait nuit ; et le lendemain, quand je m'éveillai, ce l'ut pour voir, de ma fenêtre, aux stores relevés, un inoubliable panorama. Sous un ciel sans nuage, tout empourpré de rose, — un de ces ciels américains qui paraissent plus élevés que les nôtres, — se déroulait, toute semée de diamants, cette merveilleuse rivière Charles, large comme un bras de nier.

Le passage des bateaux à vapeur ne troublait pas encore sa solitude de si grand matin ; ce n'était pas la saison où elle se couvre de barques de plaisance ; ni sloop, ni goélette à l'horizon : seul un dragueur plaquait sa tache noire sur cette nappe ensoleillée.

Le flot, qui subit encore ici l'influence de la marée, ne s'arrêtait qu'à la terrasse du jardin au-dessous de moi, battant d'un côté le quai en demi-cercle que bordent des pignons rouges, étroits, élancés, et de l'autre, un des ponts de Cambridge. En face, par-delà le grand pont jeté hardiment entre les deux villes sœurs qui sont en incessante communication, des collines boisées se découpaient dans l'air d'une pureté cristalline. Les usines, les magasins bâtis à ma droite sur pilotis, faisaient figure de monuments avec leurs tours carrées, leurs massives silhouettes.

Les poteaux télégraphiques dont les ombres tremblantes se reflétaient dans l'eau, — mer, fleuve, grand canal ou lagune, — semblaient attendre qu'on y attachât des gondoles. J'aurais pu me croire à Venise, et le calme même des lieux achevait l'illusion. Mais les levers du soleil sur la rivière Charles ne sont rien encore, comparés aux couchants. Je me rappelle, l'hiver, certains dégels opalins, le ciel devenu vers quatre heures d'un rouge vif, puis s'éclaircissant peu à peu et passant par toutes les teintes de l'orange et du jaune verdâtre, jusqu'au bleu le plus franc : eau alourdie et comme somnolente servait de miroir à cette magie. Encore gelée près du bord, elle berçait ses bancs de glace à la clarté des premiers réverbères. Je me rappelle aussi, par des froids implacables, les tons d'aurore boréale du ciel et de l'eau, maisons, bateaux, arbres dépouillés, ressortant sur cet incarnat en un relief noir dont les moindres détails s'accusaient si fermement ; puis l'incendie, devenu fumeux, s'éteignait peu à peu, ne laissant que des cendres, après la disparition d'un gros globe rouge sans rayons, étrange soleil du nord. Dans ce gris mourant s'effaçait la ligne onduleuse des collines. Et le crépuscule une fois tombé, la Charles River ressemblait à un lac d'acier frémissant, où se prolongeaient les lignes de feu allumées sur les quais et sur l'immense pont ; à chaque passage d'un car, invisible dans la nuit, les étincelles jaillissantes embrasaient à la fois toutes les fenêtres des grands bâtiments de la rive de Cambridge qui, par l'effet de cette intermittente illumination prenaient plus que jamais, tout vulgaires qu'ils pussent être en réalité, figure de palais féeriques.

Le climat si variable, avec ses sautes brusques d'un excès à l'autre, explique l'infinie variété du ciel, si différent de celui de France, et encore plus du ciel anglais. J'ai fait le guet, jour et nuit, à cette fenêtre ouverte sur un spectacle changeant et toujours magnifique, sauf quand soufflait quelqu'une de ces interminables tempêtes de neige, dont nous ne pouvons pas nous faire une idée en Europe. Que dire des clairs de lune qui tout à coup les suivaient, moirant par places la rivière à demi gelée où trempaient des piliers de feu ? Je n'étais séparée d'elle que par l'étroit jardin recouvert d'un linceul blanc. Toute idée de terre s'effaçait ; j'avais l'impression de planer au-dessus de ces flots argentés, aussi librement que le faisaient au matin les mouettes dont le tourbillon apparaissait avec le premier rayon de l'aube.

Ces effets de l'atmosphère et des saisons restent inséparables dans ma mémoire d'une délicieuse hospitalité qui leur emprunte un caractère de fête, et quand on me dit que Boston n'est après tout qu'une ville de 500000 âmes, simple capitale du Massachusetts, j'ai quelque peine à le croire, vu les royales fantasmagories de la Charles River. Ceux qui aiment les contrastes ne peuvent mieux faire que d'aborder Boston après Chicago, sans transition. Ils respireront soudain l'atmosphère du passé.

En parcourant la partie ancienne de la ville, tortueuse, irrégulière, on se croirait dans une vieille cité anglaise : l'enchevêtrement des fils de fer, télégraphe et téléphone, visibles tout le long des rues, lui donne seul un aspect particulier. Les quartiers tels que Commonwealth avenue ou Beacon Street, sont de larges voies bordées de résidences dont aucun ornement tapageur ne dépare l'imposante régularité architecturale. On y accède par un porche précédé d'un perron ; sur presque toutes les façades de granit ou de grès, s'étend la délicate tapisserie d'une plante grimpante japonaise, connue sous le nom de lierre de Boston ; son feuillage rougissant, qui devient en automne couleur de corail, est une fête pour les yeux. Derrière les vitres se manifeste un luxe de fleurs qui révèle l'élégance de ces salons où certainement on cause mieux et moins haut que partout ailleurs en Amérique. Après avoir été jadis la ville la plus importante des Etats-Unis, — et avec Philadelphie celle qui prit la part la plus éclatante à la Révolution, — Boston affecte aujourd'hui un caractère quelque peu provincial, mais ce provincialisme, qui lui est reproché par ceux qui vivent en dehors de ses coteries mondaines et littéraires, est lui-même un charme. Les Bostoniens ont fait de leur ville comme le reliquaire des grands souvenirs d'un pays dont l'histoire est encore assez courte. Ils vivent les yeux fixés sur le dôme doré du vieux State house (hôtel des Etats), qui renferme tant de trophées d'honneur ; sur l'ancien cimetière où dorment des citoyens tels que Samuel Adams, John Hancock, etc. ; sur le monument de Bunker-hill qui marque l'endroit où les régiments anglais furent tenus en échec par des novices, qui de l'art de la guerre ignoraient tout, sauf qu'il fallait attendre de pied ferme et ajuster à bout portant. Ils s'enorgueillissent de Faneuil Hall, ce berceau de la liberté américaine. Le mot de vieux en parlant de ce qu'ils possèdent revient sans cesse sur leurs lèvres. Bien entendu, le vieux temps ne remonte pas pour eux plus loin que les XVIIe et XVIIIe siècles, et a laissé fort peu de monuments dignes de ce nom ; mais, à leur défaut, Boston met en œuvre des procédés ingénieux pour entretenir et renouveler chez ses enfants l'orgueil du patriotisme. Cette année même encore, dans la nuit du 18 au 19 avril, avait lieu une fête émouvante, commémorative de la glorieuse chevauchée de Paul Révère, l'événement qui précéda la journée de Lexington, où les miliciens et les fermiers du Massachusetts eurent raison de l'armée anglaise. Des signaux s'allumèrent un soir de printemps au nord de la ville, dans le petit clocher de Christ Church, les mêmes qui en 1775 avertirent le pays de la marche des troupes anglaises sur Concord ; et un cavalier, portant le costume de l'époque, fit au galop les six milles que parcourut Paul Révère, en appelant aux armes les fermiers endormis qui répondaient comme jadis. L'unique différence fut que cette fois leurs hourras s'entremêlèrent de fusées d'artifice. Et lorsque les cloches longtemps muettes de la petite église du nord se mirent à sonner, toutes les cloches des alentours leur répondirent en chœur.

De pareilles scènes sont de nature à impressionner les plus ignorants, les plus insensibles, et développent chez les autres une exaltation généreuse. On comprend, en habitant Boston, en se pénétrant de son esprit, l'espèce de rancune que l'Angleterre garde toujours à la colonie qui lui échappa, rancune qui se traduit par un dénigrement systématique de tout ce qui est américain. Voilà une ville par exemple où les Anglais retrouvent précieusement conservées les traces de leurs défaites, et où subsistent en même temps les traces non moins sensibles de leur influence morale, intellectuelle et littéraire, une ville proche parente et ennemie à la fois dont chaque pierre rappelle une de ces brouilles de famille qui de toutes sont les plus vivaces. Évidemment il est beaucoup moins facile de lui rendre justice que de louer avec une dédaigneuse indulgence Chicago et ses progrès de nouveau-né géant ; sans compter que la Grande-Bretagne ne serait pas fâchée de pouvoir revendiquer un penseur comme Emerson, un romancier comme Hawthorne, qui sont purement bostoniens, tout en ayant ajouté des chefs-d'œuvre à la littérature anglaise.

Lorsqu'on songe à la longue liste d'esprits distingués que produisit Boston, il est impossible de ne pas l'excuser d'être devenu, par l'excès même de ses belles qualités d'enthousiasme ! et de vénération, quelque chose comme une grande société d'admiration mutuelle. Quant à moi, je ne pourrais pas plus m'étonner des anecdotes enregistrées sur les Longfellow les Lowell, les Whittier, les Bancroft, les Prescott, les Channing, les Théodore Parker, etc., que du soin pieux qui marque d'un buste ou d'une inscription les points de la ville où sont nés Franklin, Daniel Webster, Charles Sumner. La présence des morts illustres auxquels est dédié un culte intime et constant contribue au caractère quelque peu solennel de Boston. Ils semblent, ces grands défunts, être plus vivants encore, pour ainsi dire, que les vivants eux-mêmes ; ceux-ci les évoquent, les citent, les commentent à tout propos ; de même parmi les ormes séculaires du beau parc communal, la position occupée jusqu'en 1876 par le plus vieux de tous, *the Old elm*, antérieur à la fondation de la ville, vous est religieusement indiquée ; son ombre reste debout.

Si le Massachusetts et Boston en particulier sont justement fiers des hommes qu'ils ont produits, ils ne s'honorent pas moins d'avoir vu naître un groupe de femmes dont il serait difficile de trouver ailleurs l'équivalent. Dès l'époque coloniale on relève des noms qui restent entourés d'une auréole de courage, de vertu, de dévouement à la nouvelle patrie. Anne Hutchinson rompit une des premières avec les autorités établies, bien que ce ne fût que sur le terrain de la discussion religieuse. Les femmes des Adams, des Knox, des Hancock, aidèrent par leur énergie, leurs sacrifices personnels, à l'établissement de l'indépendance ; et je ne sais si l'une des plus héroïques n'est pas cette Mrs Cushing qui, au temps de la déclaration des droits, se serait, elle et toutes ses amies, vêtue de peaux de bêtes plutôt que d'acheter des marchandises anglaises. Deborah Samson, qui servit dans les rangs de l'armée révolutionnaire, était encore native du Massachusetts. La protestation publique contre l'esclavage ne fut nulle part aussi éloquente que dans la bouche des femmes de Boston : Lydia Maria Child lutta côte à côte avec ces champions de la liberté, Garrison et Wendell Phillips ; Maria W. Chapman prêta au bon combat le prestige de sa force d'Ame et de sa beauté. Pendant la guerre entre le Nord et le Sud, les femmes rivalisèrent partout de dévouement, mais l'Association des Dames auxiliaires de la Nouvelle-Angleterre fournit plus de 314 000 dollars, argent et provisions, aux soldats du Nord. Mrs Livermore, — dont le nom est bien connu comme présidente du premier congrès que tint l'Association pour l'avancement des femmes, — organisa dès lors la première de ces ventes (*sanitary fairs*) qui produisirent de si fructueux résultats. Son double don de parler et d'écrire, sa prodigieuse activité, furent tout le temps de la guerre au service de l'Union. Clara Barton, chef du mouvement de la Croix-Rouge ; Susan B. Anthony et Lucy Stone, chefs du suffrage féminin ; la généreuse abolitionniste Lucretia Coffin Mott, naquirent dans le Massachusetts, quoique leur influence se soit étendue bien au-delà de ses limites.

Quant aux femmes de Boston qui ont travaillé au progrès de la science de l'éducation, comment les nommer toutes ? Je tâcherai de faire sentir, en visitant les collèges, l'impulsion que Mrs Agassiz, la veuve du grand naturaliste, a su donner et donne encore à l'annexe féminine de l'Université de Harvard. Une des filles d'Agassiz, Mrs Shaw, s'est occupée, elle aussi, de pédagogie avec une autorité égale à sa munificence. Vers 1800, miss Elizabeth Peabody avait importé la méthode Frœbel : Mrs Shaw a fondé et soutenu pendant quinze ans seize *kindergartens* libres qui appartiennent maintenant à la ville. Sous sa direction, et grâce à son inépuisable libéralité, des expériences de toute nature ont été faites : travail manuel dans les écoles publiques, écoles industrielles, écoles de vacances, crèches. Son école préparatoire de garçons et de filles a tenu longtemps un rang unique ; — ici se révèle un esprit d'indépendance et d'entreprise vraiment national : le désir d'élever ses propres enfants à sa guise, en dehors des méthodes existantes, décida Mrs Shaw à créer cette institution. Mrs Mary Hemenway mérite d'être louée entre toutes pour avoir compris que les arts de la femme avaient grand besoin d'être encouragés en Amérique, où pour l'amour du grec, la cuisine et la couture sont généralement négligées : elle a fondé dans les écoles des cours pratiques qui ont pour but de former des ménagères ; elle s'est occupée à remettre en bon état la guenille du corps, trop dédaignée par les jeunes savantes, en annexant des gymnases aux autres classes ; elle a soufflé le feu du patriotisme en faisant les frais de conférences libres sur l'histoire d'Amérique, conférences données dans l'ancienne église du Sud au milieu des reliques expressives de cette histoire ; elle a posé les bases d'un premier musée d'archéologie américaine.

Dans la science, le Massachusetts a produit une astronome fort estimée de Herschel, de Humboldt et de Le Verrier, Maria Mitchell ; dans les arts, un sculpteur, Anne Whitney qui a deux de ses statues sur les places de Boston ; plusieurs peintres : j'ai visité les ateliers de miss Greene et de miss Bar toi, de Mrs Sears et de Mrs Whitman ; une actrice célèbre, Charlotte Cushman. Le premier volume de poésie américaine fut d'une femme, Anne Bradsheet, en 1650. Margaret Fuller, — qui écrivait des vers latins à huit ans, qui fit des conférences en allemand, en français, en italien, et fut mêlée aux beaux jours du transcendantalisme, aux expériences fouriéristes de Brook Farm, — ouvrit cette fameuse classe de conversation dont Boston se ressent encore. Son but était de passer en revue tous les départements du savoir, en s'efforçant de marquer les relations qui existent entre eux, de systématiser la pensée, de répandre ces qualités de précision et de clarté trop rares chez notre sexe.

II.
Mrs Ward Howe – Le Club des femmes de la Nouvelle Angleterre

Commençons par placer, à son rang de doyenne et dans son cadre, Mrs Julia Ward Howe. Je connaissais d'elle bon nombre de travaux sur des questions sociales et autres ; je savais que depuis quarante ans le nom de Mrs Howe avait été mêlé à tous les mouvements de la cause des femmes en

Amérique, mais je ne me doutais pas cependant de l'importance de son rôle avant un incident très simple que je rapporterai ici.

Une course matinale en traîneau m'avait conduite dans une belle maison de campagne près de Milton. Je causais, après déjeuner, avec des Américains de la meilleure société, fort au courant de toutes les choses européennes, bien qu'ils ne passent pas, comme tant d'autres, la plus grande partie de leur vie à l'étranger, sentant trop pour cela que chez eux beaucoup de choses essentielles sont encore à faire et que leur devoir est d'y prêter la main. Un très aimable vieillard nous contait ses souvenirs de jeunesse à Paris et l'impression, encore vive à l'heure présente, qu'avait produite sur lui Rachel chantant ou plutôt déclamant la *Marseillaise*. Tout à coup s'éleva dans un coin du salon une musique en sourdine, sorte de marche militaire jouée par une jeune femme qui s'était mise au piano. Je demandai ce qu'était cet air, et on me nomma le *Battle Hymn*, l'hymne de bataille des soldats du Nord, pendant la guerre civile. D'abord, me dit-on, il avait été accompagné de paroles sauvages et sanguinaires, de cris de vengeance inspirés par la mort de John Brown, le vieux colon abolitionniste qui entreprit de soulever les noirs avant la déclaration de la guerre, s'empara d'une ville avec l'aide de vingt-deux hommes, défendit l'arsenal tant que sa petite troupe fut debout et, couvert de blessures, fut condamné finalement à être pendu, donnant par son supplice un suprême élan à la question qui s'imposait. « *Old John Brown* » était dans toutes les bouches : ce fut Mrs Ward Howe qui, changeant les paroles, en fit l'*hymne de bataille*. Et, comme je demandais qu'on le chantât tout haut, deux voix l'entonnèrent, accompagnées bientôt d'autres voix, tous ceux qui étaient présents, jeunes et vieux, se joignant au chœur avec émotion, car il y avait là des gens qui se souvenaient d'avoir fait la guerre, d'autres qui se rappelaient des deuils remontant aux quatre années qu'a remplies cet hymne belliqueux mêlé à la sonnerie des charges et au bruit du canon. Avant que ne s'éteignît la dernière strophe qui adjure les hommes de mourir pour la liberté, comme pour eux mourut le Christ, j'avais compris que l'Amérique possédait une *Marseillaise* conforme à son tempérament et dont l'auteur était une femme, émule de Mrs Beecher Stowe. Mrs Stowe, du fond d'un presbytère de campagne, avait frappé mortellement l'esclavage en écrivant le livre fameux dont le retentissement devait être universel ; Mrs Howe, à son tour, jeta au milieu des combats qui suivirent un chant grave et religieux qui depuis est resté pour le Nord vainqueur le chant national.

Ma surprise fut grande lorsque je rencontrai par la suite l'auteur du *Battle hymn*. Je m'attendais à voir une vieille femme, — la date de sa naissance, 1819, étant dans toutes ses biographies, — et je ne sais pourquoi je lui prêtais aussi l'air d'autorité un peu masculine qu'ont beaucoup de femmes fortes. Je vis une fraîcheur de teint, de regard, de sourire tout à fait extraordinaire. Elle s'habille sans la moindre excentricité, elle a des manières simples et parfaites, sa voix très douce est l'une des mieux timbrées que j'aie entendues jamais. Si d'aventure Mrs Howe se fût avisée de prêcher des doctrines subversives, elle eût été bien dangereuse, tant sont puissants chez elle le tact et le charme qui permettent de tout oser. Je la saluai dans son empire, le club des femmes de la Nouvelle-Angleterre dont elle est présidente. Il y a vingt-cinq ans que ce club fut fondé pour donner un lieu de réunion aux nombreuses dames qui habitent les environs de Boston et qu'une affaire quelconque appelle en ville ; ceci conduisit à l'institution d'une séance hebdomadaire où se discutent des sujets divers : art, littérature, éducation, etc. Ces exercices prirent une importance croissante à mesure qu'augmentait le nombre des membres ; souvent des orateurs, venus du dehors se mêlaient aux débats.

Le lundi de novembre où je pénétrai dans le local vaste et commode de Park Street, il n'offrait rien qui suggérât une idée de pédantisme ou d'apprêt. On se serait cru à un jour de réception dans une maison particulière ; point de plate-forme, une table à thé bien servie. Les 230 membres n'étaient pas présents, à beaucoup près, mais il y avait là cependant une réunion nombreuse dans laquelle figurait un homme, l'unique survivant du groupe de grands esprits masculins qui dès le commencement se rattachèrent au club comme membres honoraires. Les femmes les plus distinguées de la ville entraient les unes après les autres, et Mrs Howe les présentait aux visiteuses étrangères, miss Spence et moi. Miss Spence est une célébrité australienne ; elle arrivait de son pays, très vive, très causante, avec un air intelligent et campagnard tout à la fois, et conférenciait avec verve sur le droit des minorités. Nous l'écoutâmes parler de la façon dont le vote se pratique en Australie. Mais Mrs Howe surtout fixait mon attention ; dès que la séance fut ouverte, la femme du monde se révéla présidente ; rien ne peut rendre l'assurance tranquille ni l'autorité polie des trois petits coups de marteau frappés sur la table pour réclamer le silence. Son attitude eût fait envie à un président de Chambre. Elle répondit par la plus brillante improvisation, puis, les affaires expédiées, revint aux tasses de thé et aux présentations avec une grâce exquise de maîtresse de maison.

Au fait il n'existe pas de ville où l'élément féminin soit mieux représenté qu'à Boston ; je pus m'en assurer dans tous les agréables lunchs qui se succédèrent ensuite, tantôt chez Mrs Howe, tantôt chez d'autres membres du club français. Jamais en France une réunion de femmes n'aurait le même entrain, ne se mettrait aussi joliment en frais d'amabilité ; l'absence des hommes nous ferait éprouver le sentiment que m'exprima une demoiselle de Washington : l'impression de manger un sandwich sans beurre. A Boston, au contraire, une élite se complaît dans ce que ces dames appellent, en se traitant de *sœurs*, leur « cercle magique ». C'est un grand honneur et un très grand plaisir que d'y être admise en passant ; mais, je le répète, rien n'est plus étranger à nos habitudes. Se figure-t-on une douzaine de femmes s'imposant, à jour fixe, l'effort de parler tout le temps du déjeuner une autre langue que la leur, afin de ne pas oublier cette langue, et de s'y perfectionner par la conversation ? Quelques hérésies se glissent bien dans leurs jugements des choses françaises ; l'une d'elles, par exemple, me dit que la plus belle statue que nous ayons à Paris est la Jeanne d'Arc de Frémiet ; une autre considère comme un génie naïf Maeterlinck, dont elle a tout lu. La grande Margaret Fuller ne plaçait-elle pas Eugène Sue très près de Balzac ? Admiratrice passionnée pourtant de George Sand, elle trouvait les *Lettres d'un voyageur* passablement vides ; elle mettait bien au-dessus les *Sept cordes de la lyre* ; et une de ses illustres amies a nommé Alfred de Vigny un auteur de boudoir, le jugeant sans doute tout entier sur les premières pages de l'*Histoire d'une puce enragée* ? Certes nous commettons souvent de lourdes bévues dans nos appréciations des littératures étrangères, mais il est toujours consolant de s'assurer que les étrangers ne commettent sur la nôtre ni moins ni de moindres méprises. A la vérité, Mrs Ward Howe ne diffère pas de nous par le point de vue autant que le font nombre de ses compatriotes ; elle se ressent d'un séjour prolongé en France, de ses relations avec des Français éminents ; et elle rappelle tout cela dans notre langue, qu'elle possède à merveille. L'étude et la réflexion lui ont laissé une spontanéité toute juvénile, assaisonnée d'un grain de malice. Il serait difficile d'avoir plus d'esprit. J'aurais voulu l'amener à parler d'elle-même, mais je n'y réussis que fort peu. C'est par d'autres que j'ai su combien ses débuts littéraires avaient été contrariés. Son père, un père de l'ancienne école, ne permettait pas aux filles de se singulariser ; elle ne commença de fait que plusieurs années après son mariage l'œuvre écrite et parlée qu'elle poursuit encore. Julia Ward avait épousé le docteur Howe, l'homme qui fit faire le plus de progrès à l'éducation des sourds-muets, qui développa des dons si extraordinaires chez la fameuse Laura Bridgeman, sourde, muette et aveugle. Laura Bridgeman a maintenant une rivale, Helen Keller, instruite par les mêmes méthodes. Le docteur Howe s'attacha avec un zèle égal à tirer parti de la plus faible lueur de compréhension chez les idiots. On m'a raconté que, faute de temps dans la journée, il leur faisait une classe nocturne, sous prétexte que pour leurs pauvres cervelles l'heure n'existait pas : de sa propre fatigue il ne tenait aucun compte. Jusqu'au bout il accomplit, à force de zèle scientifique et humanitaire, de véritables miracles. Mrs Howe, pendant ce temps, dirigeait après Margaret Fuller, avec la même ardeur et la même discrétion, le mouvement des femmes. On pourrait dire d'elle ce qui a été dit de sa devancière et amie, qu'elle n'a jamais donné dans aucun excès, qu'elle n'a jamais considéré la femme comme l'antagoniste ou la rivale de l'homme, mais comme son complément, persuadée que les progrès de l'un sont inséparables du développement de l'autre.

Je l'entendis un matin parler, en chrétienne convaincue quoique indépendante, à l'église unitaire. En Amérique il n'est pas rare que les femmes prêchent ; on compte des centaines de pasteurs féminins ; c'est surtout dans l'Ouest qu'elles exercent leur ministère et les paroisses de ces dames ne sont pas, paraît-il, les moins bien administrées. A Boston même, où le soin officiel des âmes est tout entier entre les mains des hommes, les femmes sont admises à une certaine collaboration dans quelques églises ou du moins dans leur crypte. La crypte où Mrs Howe, de sa voix argentine et pénétrante, nous entretint éloquemment de choses divines et pratiques à la fois, était celle de l'église des Disciples. Elle parla sur la religion personnelle, démontrant l'utilité de la prière en famille, les bons côtés de certaines observances dont la nécessité lui avait longtemps paru douteuse et auxquelles maintenant elle rend pleine justice. Jamais l'absolue loyauté ne s'exprima d'une façon plus touchante. Mrs Howe s'attache à prouver que ceux-là mêmes d'entre nous qui croient être déshérités des biens de ce monde ont à remercier Dieu de mille choses, ne fût-ce que de son soleil, du don gratuit de quelques affections, et d'abord de celui de l'intelligence.

Après Mrs Howe, la femme du révérend C. G. Ames, pasteur de l'église où nous nous trouvions, prit la parole avec une facilité, une force singulières. Elle revint dans le détail sur ce sujet de la reconnaissance que l'on doit non seulement à Dieu, mais au prochain. Pensons-nous assez à ce que nous serions si ceux que nous appelons les petits, les humbles, les ignorants ne nous aidaient pas à soulever le fardeau de la tâche matérielle qui quotidiennement nous incombe ? Et l'*oratrice* énuméra nos obligations à l'égard des domestiques, des fournisseurs, rouages vivants de l'existence envers lesquels, bien à tort, nous nous croyons quittes avec un salaire. — Je connaissais déjà Mrs Ames par d'excellentes statistiques qui permettent de mesurer, en se reportant aux sources authentiques, les résultats dans tous les genres de l'activité des femmes du Massachusetts. Elle est présidente d'un comité exclusivement occupé de ces questions.

De jeunes mères se levèrent ensuite et s'entre-répondirent au sujet de l'éducation religieuse de leurs enfants, des habitudes de dévotion en famille, des livres de morale familière rangés sous la rubrique de *little helps*, petits secours : ce fut un échange d'expériences profitables. Il me semble que dans les assemblées des premiers chrétiens les choses devaient se passer ainsi, d'autant plus qu'après les discours et les hymnes il y eut les agapes : des agapes à l'américaine. Le thé fut servi dans un des bas-côtés de la crypte, et Mrs Ames me demanda en riant si je n'étais pas scandalisée de voir que cette église communiquait avec une cuisine. Je me hâtai de dire que j'avais vu mieux que cela dans l'Ouest, où très souvent l'église, qui est encore le *meeting house*, est choisie comme lieu de réunions sans aucun caractère religieux. J'ajoutai que là-bas une dame, témoin de ma surprise, m'avait répondu en digne puritaine : « Il ne peut y avoir de déplacé à l'église que la dissipation, et la dissipation est déplacée partout. »

La dernière fois que je rencontrai Mrs Ward Howe, ce fut peu de temps après le succès du projet de loi relatif au suffrage municipal des femmes devant la Chambre des représentais du Massachusetts. Il avait passé à 122 voix contre 106 ; elle y voyait le présage d'une adoption définitive par le Congrès et, ce jour-là même, allait réclamer dans quelque assemblée publique le droit de vote sans restrictions pour les femmes de son pays, en s'appuyant sur l'excellente raison qu'elles y sont préparées depuis longtemps.

Mrs Howe apporte dans les revendications de ce genre la même sérénité que lorsqu'elle expose à l'église ses théories sur le christianisme pratique et individuel. Quel que soit le thème qu'elle aborde, c'est toujours avec mesure, sans emportement d'aucune sorte, quoiqu'une flamme brille au fond de ses yeux bleus restés si jeunes. Depuis que Lucy Stone est morte, son importance de *leader* semble grandir encore. On sait que Lucy Stone était présidente du comité exécutif de « l'Association pour le suffrage de la femme américaine, » association fondée par elle en 1869, avec l'aide de W. Garrison, de G.-W. Curtis, du colonel Higginson, de Mrs Livermore et de Mrs Ward Howe elle-même. La curieuse histoire de ce pionnier féminin mériterait d'être écrite. Tout enfant, elle avait résolu d'aller à l'Université apprendre le grec et l'hébreu afin d'étudier la Bible dans l'original et de découvrir si les mots qui la révoltaient : « Ton désir sera pour ton mari, et il régnera sur toi », étaient vraiment dans le texte. Elle subvint à son entretien en travaillant de ses mains, faisant elle-même sa cuisine et payant son pauvre logement cinquante sous par semaine. Au sortir de l'université d'Oberlin, elle se voua à l'instruction des esclaves échappés de chez leurs maîtres et commença dès 1847 ses fameuses conférences sur les droits de la femme, collant elle-même ses affiches, bravant la raillerie, les dangers de toute sorte, remuant les foules par son éloquence et le singulier magnétisme qui semblait se dégager d'elle. Mariée à Henry Blackwell, partisan lui aussi des droits de la femme et de l'abolition de l'esclavage, elle ne porta jamais le nom de son mari. Blackwell l'approuvait : il joignit une protestation à la sienne contre l'iniquité de la loi qui accorde au mari autorité entière sur la personne, les biens et les enfants de la femme. Ce fut, du reste, pendant quarante ans le modèle des bons ménages.

Le buste de Lucy Stone par Anne Whitney, à l'exposition de Chicago, donnait l'idée d'une parfaite et sympathique bonhomie. Lorsqu'elle mourut à Boston, au mois d'octobre dernier, ses obsèques célébrées à l'église unitaire des Disciples ressemblèrent à un triomphe : elles attirèrent plus de 1100 personnes et furent accompagnées de manifestations imposantes. Les couleurs du suffrage, — le jaune et le blanc, — étaient représentées par des monceaux de roses et de chrysanthèmes. Une autre femme qui joua un rôle actif dans la croisade contre l'esclavage, Mrs Edna Cheney, que j'eus l'honneur de connaître chez Mrs Howe, a mieux que personne parlé de Lucy Stone en l'opposant à deux ou trois viragos dont les noms reviennent toujours en Europe lorsqu'on fait mention des *suffragistes* américaines. Mrs Cheney, elle aussi, a été un apôtre ardent de l'émancipation des femmes, mais tout son zèle semble se concentrer aujourd'hui sur l'admirable hôpital de femmes et d'enfants, — *New England hospital for women and children*, — desservi par des femmes médecins. Mrs Cheney est présidente du conseil d'administration et figure parmi les directrices.

On sait que la première école de médecine dédiée aux femmes s'ouvrit à Boston en 1848. Il n'en existait alors aucune autre dans le monde ; maintenant elle est incorporée dans la Faculté de médecine de l'Université. La ville de Boston compte jusqu'ici 39 doctoresses allopathes, 41 homéopathes, plus 89 pratiquants sans diplôme, car le Massachusetts n'a pas de loi touchant la pratique de la médecine. Nous retrouverons ailleurs ces irrégulières.

III.

Miss Anna Ticknor – Société d'encouragement à l'étude chez soi – Les Bibliothèques publiques

Miss Ticknor personnifie une œuvre très originale dont elle eut l'initiative et qui, sans fracas, a des résultats presque incalculables : je veux parler de la société d'encouragement à l'étude chez soi. La première idée de cette association lui est venue d'Angleterre où de bons esprits avaient découvert une grande vérité, à savoir que le travail est plus que toute autre chose nécessaire au bonheur, et qu'il faut plaindre, comme s'ils étaient des pauvres, ceux qui n'ayant pas à gagner leur vie, sont incapables de la remplir par une occupation absorbante. D'abord elle se proposa seulement de diriger par correspondance des jeunes filles à leur sortie de l'école, et de les aider ainsi à poursuivre leur vie intellectuelle trop vite abandonnée le plus souvent. Puis son idée s'élargit : « Il me sembla, dit-elle, que nous pouvions arriver à augmenter pour toutes les femmes, même pour les plus humbles, la valeur fondamentale du foyer, en leur procurant l'occasion de penser, en leur rendant familières les conceptions de grands esprits qui iraient leur tenir compagnie tandis que leurs mains seraient occupées à la besogne quotidienne ; il me sembla que ces femmes-là se trouveraient bien d'ouvrir les yeux aux merveilles de la nature dans le coin de campagne le plus déshérité et d'apprécier l'art quand, par hasard, il passerait sur leur chemin. » En 1873, six dames se consacrèrent à correspondre avec les quarante-cinq personnes qui s'étaient d'abord inscrites comme étudiantes. Aujourd'hui 190 dames professeurs sont en rapport avec 423 étudiantes, sans compter quarante-six clubs, représentés par un seul nom derrière lequel se tient un groupe nombreux réuni pour des raisons d'économie, auxquelles s'ajoute le plaisir du travail en commun. L'élève est traitée selon ses besoins spéciaux, quoiqu'une règle uniforme soit maintenue, sa correspondante appartenant à telle ou telle section d'un des six départements qui composent le cercle des études et dont chacun a son chef. Le travail consiste en lectures, en notes prises de mémoire ; les résultats s'affirment dans une correspondance mensuelle comportant de fréquents examens à distance. Une minime cotisation annuelle, pour frais de poste et de bureau, assure la circulation de près de 2 000 volumes. On n'aborde à la fois qu'un sujet, deux tout au plus ; les intelligentes directrices redouteraient par-dessus tout cette culture superficielle et trop étendue qui est un défaut général en Amérique. Chaque étudiante choisit un des six départements :

L'histoire, divisée en cinq sections. La section d'histoire ancienne comprend la littérature classique et même les auteurs grecs et latins, l'aide nécessaire étant donnée, si on le désire, pour l'étude de ces deux langues. L'économie politique ne va pas sans la théorie et l'histoire de la charité.

La science dans toutes ses branches, embrassant aussi l'hygiène, ce qui explique que la plupart des Américaines soient aussi savantes sur les questions de drainage, de chauffage, d'éclairage et de ventilation. Pour les sciences naturelles, on suit la méthode du professeur Agassiz : étudier sur clos échantillons, non sur des livres. Les herbiers, les collections de toute sorte circulent, comme font les portefeuilles de photographies et de gravures pour les étudiantes qui choisissent le troisième cours, celui des beaux-arts.

Au cours des beaux-arts se rattache une section de voyages imaginaires en Europe qui, dans ce pays de l'activité par excellence, fait les délices de toutes les femmes trop pauvres ou trop souffrantes pour voyager réellement.

Le quatrième cours est consacré à l'allemand ; le cinquième à l'étude en français de l'histoire et de la littérature française ; le sixième enfin à la littérature anglaise, la section de rhétorique comptant de très nombreuses étudiantes dont les compositions sont lues et corrigées avec soin.

Qu'il me soit permis, tout en admirant le reste, de souhaiter que la bibliothèque française devienne plus considérable. Nos grands écrivains n'y sont guère représentés que par des fragments et à travers les appréciations de la critique anglaise. Il n'y a de complet que Sainte-Beuve ; cependant, je trouve à ma grande joie quelques volumes de Bossuet, de Racine et de La Bruyère. En Amérique notre XVIIe siècle est tenu en dédain. Ce serait œuvre patriotique, il me semble, que d'envoyer une bonne collection des classiques français non expurgés à la bibliothèque des *Studies at home*. Une fraternité intellectuelle dont profiterait notre gloire s'ajouterait ainsi au bien qu'accomplit déjà cette association qui a des résultats multiples. Le développement du goût s'étend à tous les détails de la vie, les mères sont préparées au métier d'institutrice et, pour les nombreuses filles qui ne se marient point, quelle ressource précieuse ! Je me rappelle la joyeuse physionomie de certaine vieille demoiselle rencontrée dans un froid village de cette Nouvelle-Angleterre où les longs hivers doivent amener un indicible ennui à qui n'a pas d'occupations absorbantes. Elle vivait par cette correspondance qui la rattachait au monde, à ce qu'il peut offrir de meilleur ; sans quitter son foyer, elle voyageait, elle était au courant de tout ; elle satisfaisait cette faim de l'intelligence qui est aussi pressante pour quelques-uns que celle du corps. Et je ne pus m'empêcher de souhaiter que tant de femmes de province oisives et mécontentes eussent chez nous cette ressource. Toutes les conditions sociales sont représentées parmi les étudiantes ; l'une d'elles écrivait de très loin ces lignes touchantes : « Avec ma leçon copiée le soir et attachée au mur de ma cuisine je ne trouve plus d'ennui à laver la vaisselle… »

Beaucoup de correspondances se prolongent pendant dix, douze, dix-huit ans. Entre les femmes qu'elles rapprochent l'amitié s'ensuit très souvent ; quelques écolières passent au rang de professeurs ; on se rend de mutuels services. C'est ainsi qu'une pauvre sourde, à peu près dénuée de tout, s'est révélée botaniste habile et a obtenu un emploi lucratif en rapport avec sa vocation. D'autres sociétés se sont formées dans diverses parties de l'Amérique auprès de celle dont miss Anna Ticknor est la patronne active. La manifestation la plus extraordinaire en ce genre est le mouvement populaire de Chautauqua, mais il se rattache aux choses de l'Ouest, grandes et rudement ébauchées, et ce n'est pas le moment d'en parler dans le salon éminemment bostonien de Marlborough Street. Le principal ornement de ce salon est un portrait de Walter Scott par Leslie qui le peignit tout exprès pour le père de miss Ticknor, l'auteur bien connu d'une excellente *Histoire de la littérature espagnole*. Ayant visité l'Europe, il avait plu infiniment à Walter Scott qui, à sa prière, posa pour cette œuvre admirable, dont l'Angleterre ne possède qu'une copie en miniature.

J'ai avec miss Anna Ticknor des conversations instructives. On n'est pas impunément l'héritière d'une race de lettrés, la fille de ce professeur Ticknor qui, possesseur d'une belle collection de livres, pratiqua, en les prêtant à tous, le genre de charité le plus rare chez un bibliophile. Elle me procure donc force détails sur un sujet intéressant, celui des bibliothèques publiques libres. Il y a 352 villes dans l'Etat de Massachusetts et 300 ont une bibliothèque libre, c'est-à-dire permettant la circulation des livres qu'elle renferme parmi les habitants de la localité (on compte bien près de 200 bibliothécaires femmes et beaucoup d'assistantes en plus). Presque tous ces établissements ont été créés par un effort individuel, quoique maintenant le gouvernement accorde une allocation aux petites villes retardataires. Les dons des particuliers en argent, sans parler des livres, dépassent cinq millions de dollars. Et les bibliothèques libres ne contribuent pas seulement à répandre une instruction générale, elles rassemblent d'année en année tous les documents relatifs à la ville : généalogies, annales de famille, publications quelconques concernant le développement social, politique, économique ou moral de la population.

Il va sans dire que la grande bibliothèque de Boston est le couronnement du système et un exemple pour les Etats-Unis tout entiers. Détail curieux, elle s'est groupée autour des livres envoyés de Paris en 1840 et offerts par un Français, M. Vattemare. Une impulsion décisive lui fut donnée par George Ticknor ; c'est aujourd'hui la plus importante bibliothèque libre qui existe au monde ; elle a près de deux millions de volumes en circulation et va être transférée très prochainement dans le monument digne d'elle qui s'achève sur la place principale de Boston, Copley Square, à côté du Musée des Beaux-Arts et en face de l'église de la Trinité, ce chef-d'œuvre de Richardson, décoré de superbes vitraux par La Farge, Burne Jones, et William Morris.

IV.

Mrs J.-T. Fields. – Salons et Intérieurs

Après ce que j'ai dit des ressources de la société bostonienne, augmentées par le puissant renfort universitaire de Cambridge, on aura conclu avec raison que les salons devaient être intéressants dans cette ville aux vieilles traditions européennes. Je voudrais essayer de peindre celui qui se rapproche le plus, par beaucoup de côtés, des salons de France de la meilleure époque, le salon de Mrs J.-T. Fields. Parler de Mrs Ward Howe, de Mrs Agassiz, de miss Ticknor, de Mrs Fields, c'est parler du mouvement social, de la culture, de la pédagogie, de la poésie, de la charité à Boston ; elles en sont les représentantes, et comme telles doivent accepter la notoriété publique qui s'attache à leur personne.

J'espère donc n'être point taxée d'indiscrétion en faisant pénétrer le public étranger dans un bureau d'esprit de l'originalité la plus délicate, maison unique en son genre. Tout y paraît dédié aux lettres : on ne peut s'en étonner, Mrs Annie Fields étant la veuve du grand éditeur James Fields, qui fut l'ami des plus célèbres écrivains de son temps en France et en Angleterre, et qui a laissé des témoignages précieux de son intimité avec eux tous, notes biographiques, esquisses, conversations, correspondances : *Biographical notes and personal sketches, Yesterdays with authors*. Leurs portraits couvrent les murs de ce petit temple du souvenir, où une femme infiniment distinguée conserve avec soin tout ce qui pour elle représente un passé de pur bonheur intellectuel. Les richesses de la bibliothèque, qui envahit deux étages de son étroite et délicieuse demeure, comptent, avec une collection d'autographes presque innombrables, parmi les trésors dont elle se montre le plus justement fière. Quant à ses propres travaux, elle met souvent un excès de pudeur à les cacher. Ces travaux intermittents, qui sont comme une broderie rare sur la trame des œuvres philanthropiques dont elle est par-dessus tout occupée, emportent de préférence Mrs Fields vers l'antiquité grecque. Il y aurait même de curieux rapports à noter entre les tendances de son talent et le caractère de sa beauté que les années n'ont fait que spiritualiser sans la détruire. Cette Athénienne de Boston vit en compagnie d'Eschyle et de Sophocle, traduit la *Pandore* de Goethe, cet autre Grec des pays septentrionaux ; le *Centaure* de Maurice de Guérin, qui, chez nous, avait goûté aussi au miel de l'Attique ; et elle figurera pour son propre compte dans les anthologies de l'avenir, ne fût-ce qu'avec le poème de *Théocrite*, sans parler des documents qu'elle rassemble sur ses amis disparus. Ce fut ainsi que l'an dernier vit le jour une biographie vivante et charmante de Whittier, le poète quaker. Prose et vers semblent jetés négligemment par Annie Fields, quand l'inspiration la presse, sur les feuilles volantes qui couvrent le bureau du tout petit cabinet de travail, sans prétention, communiquant par une baie ouverte avec le salon où tant d'illustres visiteurs se sont assis, où l'on a si bien causé entre amis, qui se nommaient : Hawthorne, Emerson, Longfellow, Wendell Holmes.

Ce dernier, vieux d'années, mais non d'esprit, survit au groupe d'élite dont il fit partie ; sa visite est toujours considérée comme un véritable régal. Il apporte avec lui les vives saillies, les amusantes digressions dont fourmillent ses essais si ingénieusement enchaînés dans l'*Autocrate*, le *Professeur* et le *Poète à déjeuner*. Paris lui est resté présent à travers le charme de ses années de jeunesse ; il en parle avec autant de gaîté que s'il était encore étudiant en médecine au quartier Latin. On a le plaisir de rencontrer réunis dans la petite personne vive et brillante de cet étonnant vieillard le parfait *gentleman* de la vieille Angleterre, avec des qualités de verve, de sympathie, une compréhension toute cosmopolite des choses, un luxe d'amabilité qui appartiennent davantage, il faut le reconnaître, à la nouvelle. L'existence du docteur Holmes doit être tout ensemble fatigante et enviable. Il est à la fois vénéré comme un ancêtre, et traité en enfant gâté. Les maîtresses de maison s'arrachent sa présence.

Les étrangers de passage lui demandent des rendez-vous, les propriétaires d'albums à autographes, dont le nom est légion, sollicitent une maxime ou un sonnet de sa belle et ferme écriture ; il n'y a pas de cérémonie publique où l'on n'attende de lui un discours, pas de banquet où il n'ait à porter un toast, et les dames s'associent pour lui envoyer des présents symboliques exquis, auxquels il ne peut répondre qu'en évoquant à tout prix sa muse des meilleurs jours pour répondre d'une façon non moins exquise. C'est mettre à rude épreuve les forces d'un octogénaire, mais il n'en paraît pas souffrir et boit galamment le nectar d'adulation qu'on lui verse dans la coupe d'amour (*loving cup*), au fond de laquelle sont gravés les noms de ses belles et doctes amies.

Presque toujours présente aux samedis de Mrs Fields est Sarah Jewett dont la vie se partage entre le village du Maine qu'elle a immortalisé par des récits émanés du sol même, et Boston qui la revendique.

J'ai aussi retrouvé là T.-B. Aldrich, connu comme romancier plus qu'aucun autre en France, à travers les adaptations qui ont paru dans la *Revue des Deux Mondes*, mais dont l'œuvre poétique, — celle qui lui vaut une place à part dans les régions les plus subtiles du Parnasse américain, — est inaccessible à la traduction autant que pourraient l'être les *Émaux et Camées*. Et il n'excelle pas seulement à graver sur pierre dure, avec une curieuse habileté technique, quelque petit poème, achevé dans toutes ses parties, comme son *Intaille d'une tête de Minerve*, que lui envieraient les artistes les plus expérimentas du vieux monde ; personne encore n'a autant que lui le sentiment de la nature, de cette nature américaine qui ne ressemble à aucune autre. Le docteur Holmes a bien raison de le dire : « On chercherait vainement ailleurs un coucher de soleil bostonien. » Les ciels d'Amérique n'ont rien de commun avec ce qu'on voit en Europe ; les oiseaux, les rochers, le sol, les arbres, l'herbe, tout est différent. Eh bien ! quoiqu'il ait tant voyagé, c'est encore au printemps de la Nouvelle-Angleterre, aux rivières parées de noms indiens, aux neiges, aux pluies, aux crépuscules de Boston, que Thomas Bailey Aldrich doit ses inspirations les plus franches et les meilleures. Peut-être a-t-il le souffle un peu court ; ne nous en plaignons pas ; la brièveté de ses pièces est un gage de perfection. Ne regrettons pas non plus que l'élégance et la facilité de la vie aient borné pour Aldrich la possibilité de l'effort ; si la féconde pauvreté lui eût tenu compagnie, il n'eut peut être pas écrit cette ravissante pièce, humoristiquement douloureuse : *la Fuite de la Déesse*.

Cambridge envoie dans le salon de Mrs Fields, avec de jeunes et brillants professeurs, une des notabilités de la cité académique, dont le nom a traversé les mers, celui qui fut d'abord le Révérend, puis le colonel Wentworth Higginson. Mme de Gasparin traduisit jadis sa *Vie militaire dans un régiment noir* ; et son *Histoire des Etats-Unis racontée à la jeunesse* est ici populaire. Peut-être comprendrait-on moins bien dans la vieille Europe routinière quelques-unes des idées qu'il a exprimées sous ce titre : *Le Sens commun sur les femmes* ; et le colonel Higginson n'en serait pas surpris, pénétré comme il l'est de la situation lamentable faite aux femmes dans les pays où sévit la loi salique, où le sexe masculin est encore qualifié de *sexe noble*. Son avis, lorsqu'il s'agit de progrès dans la condition des femmes, est celui-ci :

— Ecartons d'abord toutes les restrictions artificielles ; ensuite il sera aisé, tant pour l'homme que pour la femme, d'acquiescer aux limites naturelles qui s'imposent. — La vertu lui paraît également prescrite à tous les deux ; et ici je tiens à souligner la naïve conviction qui me fut exprimée par nombre d'Américaines, spécialement à Boston, que la conduite de la plupart des hommes avant leur mariage était, dans les classes éclairées, irréprochable, autant que celle des jeunes filles. Mon incrédulité polie ne servit qu'à confirmer solidement ces dames dans l'opinion qu'elles se l'ont de la « légèreté française ». Mais sont-elles après tout bien persuadées de ce qu'elles affirment ? Je n'en suis pas sûre, mais en Amérique plus qu'ailleurs, on admet des vérités de convention, quand elles peuvent contribuer à l'hygiène morale ; et il est possible qu'en ne croyant pas au mal, on l'empêche jusqu'à un certain point. Les hommes, dans un pays où le mauvais sujet n'a point de prestige, tiennent à passer pour austères. Beaucoup, je crois, le sont réellement, grâce à différentes raisons : fermeté de principes, froideur de tempérament, activité de la vie, obsession des affaires, habitude prise de respecter dans la femme l'individu, avant même de s'apercevoir que l'individu est une femme, comme le disait joliment devant moi M. Paul Bourget. L'hypocrisie est le refuge des autres.

Ecartons ce sujet scabreux, qui ne serait pas supporté dans le salon où je vous ai conduit, un salon vert, long comme une galerie, avec des fenêtres aux deux bouts et une vue incomparable sur la rivière Charles. Dans la cheminée ouverte flambe un grand feu de bois à la française, ce qui n'empêche pas la douce chaleur d'un calorifère qui permet l'absence de portes remplacées par des rideaux relevés, de sorte que, de l'escalier apparent, les visiteurs arrivent sans bruit et sans cérémonie, prenant place dans la conversation qui se poursuit. Les bustes et les portraits d'amis célèbres semblent faire partie du cercle : Wordsworth, les Browning, miss Mitford avec son clair et frais visage de vieille fille anglaise, Charles Dickens, peint par Maclise dans sa jeunesse avec de longs cheveux et une féminine redingote qui le font ressembler à George Sand. Plus d'une fois Mr Fields, ainsi que sa femme, visita l'Europe ; Thackeray comme Dickens fut leur hôte à Boston ; voilà sa bonne figure aux traits ramassés, et ses larges épaules. Souvent une lettre autographe est encadrée sous le portrait : c'est le cas pour la merveilleuse photographie de Carlyle par Mrs Cameron, d'une expression si intense, si pathétique. Emerson réalise bien, au physique, l'idée d'immatérialité que je me faisais de lui. Mrs Fields, me conte une jolie anecdote : vers la fin de sa vie, il fut pris d'un singulier accès de curiosité ; il voulut savoir une fois ce que c'était que le whisky et entra dans un bar pour s'en faire servir : — Vous voulez un verre d'eau, Mr Emerson ? dit le garçon, sans lui donner le temps d'exprimer sa criminelle envie. Et le philosophe but son verre d'eau,… et il mourut sans connaître le goût du whisky…

Hawthorne, au contraire, est admirablement beau, d'une beauté solide, moustachue, chevelue, qui déroute un peu sur le compte de cet analyste pénétrant de choses spirituellement morbides et presque insaisissables. Longfellow a une tête adoucie de Jupiter, Lowell a la physionomie d'un Anglais de haut parage. Les portraits de Dickens, aux différents âges de sa vie et se ressemblant entre eux aussi peu que possible, sont accrochés partout. Mrs Fields donne les plus curieux détails sur ses lectures en Amérique où il eut un immense succès. La description d'une grosse chaîne d'or qu'il attachait à sa montre, pour hypnotiser l'attention du public, me fait deviner mieux que tout le reste un certain côté de cabotinage qui s'alliait à l'indiscutable génie du romancier ; mais je réserve mon opinion, car on serait mal venu de toucher aux idoles dans le sanctuaire qui leur est consacré.

Après avoir parlé du salon de Mrs Fields, il devient difficile d'en citer aucun autre, quoique les maisons où l'on cause soient nombreuses à Boston et que nulle part l'hospitalité, cette vertu générale en Amérique, ne soit pratiquée avec plus de grâce.

Je noterai seulement l'effet de la culture intellectuelle, poussée très loin, sur les intérieurs, leur ameublement et leur décoration. Une sobre élégance est le signe distinctif de cette société qui tient à faire preuve de raffinement en toutes choses. Les splendeurs du luxe ne lui sont certes pas étrangères, mais l'éclat en est tempéré, fondu pour ainsi dire par le bon goût, comme il ne l'est pas toujours ailleurs. Je pourrais nommer par exemple une demeure particulièrement opulente qui eût ressemblé facilement à quelque fastueux magasin de bric-à-brac ou à un musée prétentieux des arts décoratifs. Le comble du tact a été de tourner cet écueil, de faire en sorte qu'il n'y ait rien de trop. Depuis les retables d'autel dérobés aux églises d'Italie, jusqu'aux bibelots de notre XVIIIe siècle, depuis les chefs-d'œuvre de la peinture allemande et française jusqu'au portrait de la dame du logis, — le plus beau qu'ait jamais peint Sargent, — tout est à sa place, tout, jusqu'à un drapeau des grenadiers de la garde de Napoléon qui a l'air de conter au coin d'une cheminée Renaissance les gloires de l'armée française. Il n'y a ni encombrement, ni profusion, ni étalage ; une savante harmonie enveloppe tout ; c'est simplement le cadre exquis d'une femme charmante. D'autres hôtels, — celui par exemple qui renferme une belle collection des tableaux du grand coloriste William Hunt, — feraient bonne figure dans le faubourg Saint-Germain et logent d'imposantes douairières qui n'y seraient nullement déplacées. Ce goût irréprochable semble s'étendre à la nourriture d'une façon qui justifie les théories de Brillat-Savarin. En Amérique on mange mal, même dans beaucoup de maisons très riches où la principale préoccupation paraît être d'assortir la couleur des glaces et des sauces à la couleur des services de porcelaine et des fleurs enrubannées qui couvrent la table ; mais à Boston la recherche de l'élégance extérieure ne retranche rien à l'excellence du fond. Il y a, bien entendu, dans les habitudes certaines choses qui nous étonnent : le premier déjeuner de viandes solides, le *grape-fruit*, cette grosse orange juteuse de la Floride, servie comme entrée en matière, l'abus de l'eau glacée, les hérésies en matière de vins. On peut dire cependant que sur les tables bostoniennes le menu atteste que les maîtresses de maisons ont beaucoup voyagé et rapporté de chaque pays d'Europe les plus excellentes recettes, greffées sur des plats de terroir qui ont bien leur mérite, comme les *baked beans*, pour ne parler que de ce plat de haricots très simple et pourtant aussi difficile à imiter que l'est ailleurs le non moins simple riz à la créole.

V.

Les Iles. – Maison des pauvres. Maisons d'ouvriers. Brigades de garçons. – Association des Charités de Boston

Les organisations de charité sont presque innombrables à Boston et durant les premières semaines de mon séjour dans cette ville j'attribuais à leur merveilleuse activité la suppression apparente du paupérisme. « Mais cependant, dis-je à l'une des femmes qui se consacrent avec le plus d'ardeur aux œuvres de bienfaisance, vous ne soulagez que ceux qui le méritent en s'aidant eux-mêmes ; que deviennent les autres, ceux qui ne se laissent pas enrôler dans le travail, les bohèmes qui du haut en bas de l'échelle sociale se dérobent à toute régularité ? Il n'y a pas de grande ville où des mendiants ne tendent la main. Comment faites-vous disparaître cette catégorie d'individus ? » Elle me répondit : « Nous avons les îles. » Et elle me cita les paroles d'un professeur éminent qui a formulé des préceptes d'éthique relatifs au progrès social : « Une partie de la population ne pourra jamais se dire libre, en ce sens que l'éducation des enfants pauvres doit être, malgré les parents s'il le faut, dirigée par la société d'une façon progressive, et que cette même société a le droit de rendre esclaves (*to enslave*) tous ceux qui volontairement choisissent une vie de vagabondage. Le temps est passé où de bonnes âmes donnaient au vagabond du pain et un abri. Tout vagabond dans un pays civilisé doit être arrêté et forcé au travail sous une direction publique. »

Voilà donc comment s'achète, au détriment de l'indépendance et de la fantaisie personnelles, ce que les meilleurs et les plus intelligents parmi les citoyens d'une république appellent la liberté de tous. Il est instructif d'y songer. Puissions-nous cependant, malgré le progrès social, n'arriver jamais à la même rigueur, puissions-nous laisser toujours des mendiants sous le porche de nos églises en souvenir des belles légendes chrétiennes de la pauvreté. Une église qui n'a point dans ses bas-côtés quelques déguenillés admis sans conteste à prier avec les riches ne saurait être tout à fait à nos yeux la maison du Seigneur. En Amérique, protestants et catholiques m'ont dit qu'il était facile aux pauvres décents et respectables d'obtenir des vêtements propres pour assister aux offices ; mais à qui n'est pas « respectable » défense est-elle donc faite de prier ou seulement de se réchauffer tout en écoutant le chant de l'orgue, tout en recueillant presque sans le savoir ce qui tombe de la bonne parole ? Le vieux moyen âge concevait une sorte de liberté que n'ont point les pays purement modernes, et nous devons souhaiter d'en garder toujours les vestiges au milieu de nos acquisitions démocratiques.

Les établissements correctionnels ne sont pas les seuls qu'on ait installés dans les îles voisines de

Boston ; les *poor-houses*, les dépôts de mendicité sont relégués aussi à Long Island. Jamais je n'oublierai l'impression produite sur moi un matin du printemps dernier par l'aspect tout ensoleillé du port. au-delà des nombreux navires à l'ancre, les îles apparaissaient semées pittoresquement très près les unes des autres ; cet archipel semblait n'avoir d'autre but que d'ajouter à la beauté du panorama qui, des côtes découpées, déchiquetées, en promontoires, en péninsules, s'étend jusqu'à la baie du Massachusetts et s'y perd dans le bleu. Je savais cependant que chacune de ces taches était le réceptacle des immondices morales dont la ville est rigoureusement purgée, qu'on refoulait là-bas le vice et la mendicité ; je savais aussi qu'un scandale venait d'éclater à Boston révélant des abus fâcheux dans l'administration de ces tristes asiles. Et si justice a été faite c'est grâce, cette fois encore, au cri d'alarme poussé par une femme. A Mrs Lincoln appartient l'honneur d'avoir dénoncé ce qui se passait dans l'hôpital des pauvres de Long Island, et l'enquête a révélé force détails odieux.

Mr et Mrs Lincoln, des gens de bien sans cesse mêlés aux grandes charités bostoniennes, osent à l'occasion soulever le voile épais jeté en Amérique sur les vilaines choses dont on ne parle pas. L'œuvre à laquelle ce couple de philanthropes s'est particulièrement attaché est celle des logements d'ouvriers ; un gros problème ! Le *tenement house*, où grouillent côte à côte de nombreux locataires, est un enfer pour l'Anglo-Saxon : il lui faut, — et nous avons grand'peine à comprendre cette exigence, étant d'un tempérament plus sociable, — une demeure à lui, si petite qu'elle puisse être, où il n'ait pas à craindre le contact des voisins ; il lui faut ce qui ne peut se traduire en français : la *privacy* du *home*, la vie privée entourée de murailles dont il soit le maître. Mr et Mrs Lincoln ont pensé que, faute de mieux cependant, le *tenement house* lui-même pouvait être amélioré, devenir compatible avec la vie de famille. Pour cela ils se sont courageusement voués à l'administration de quelques maisons à étages bien nettoyées, où, se mettant au lieu et place du propriétaire, ils exercent comme gérants une surveillance dont profitent les locataires honnêtes délivrés ainsi de tout mauvais voisinage.

J'ai été invitée chez eux à une très intéressante soirée. Un M. Riis, d'origine hollandaise, écrivain et conférencier, nous fit une courte nouvelle de sa façon, intitulée *Skippy*, l'angoissante histoire d'un gamin des rues qui finit par la potence, quoiqu'il soit né avec toutes les qualités qui font un bon Américain. Le secret de son naufrage, c'est que le home lui a manqué, avec la cour où des enfants avides de jeu peuvent en liberté lancer une balle. Ce que revoit *Skippy* sous le sinistre bonnet, à la minute suprême, ce ne sont pas les méfaits dont il est à peine responsable ; non, il revoit le *tenement house* ignoble, cause première de tous ses maux.

Les commentaires qui accompagnent ce récit ont d'autant plus de poids que M. Riis, si je ne me trompe, a longtemps occupé une importante situât ion dans la police. Après lui, plusieurs personnes encore parlent de l'on lance misérable et abandonnée, entre autres une demoiselle de Buffalo qui s'est attachée à moraliser les faubourgs de cette ville industrielle fort corrompue, paraît-il, d'après les détails qu'elle nous donne avec intrépidité sur la prostitution d'enfants de six ans. C'est encore pis qu'à Chicago, où le club des femmes eut quelque peine à faire porter de dix ans à seize l'âge du consentement pour les filles.

Le rouge monte aux joues des dames présentes, ce qui ne les empêche pas ensuite de faire honneur à une excellente soupe aux huîtres et à des rafraîchissements variés. « Je vous mènerai voir mes *Skippys*, me dit l'une d'elles. Vous jugerez de ce que nous en faisons. »

Et, en effet, elle me conduit, le samedi suivant, entre sept et huit heures du soir dans le vaste local, salle de danse ou autre, qu'elle a loué au centre d'un quartier populeux, pour les exercices de sa brigade. Cette brigade est composée de gamins des rues dont elle prétend faire des hommes en s'aidant de la recette du professeur Drummond qui a couvert l'Angleterre, et par suite l'Amérique, de compagnies très bien disciplinées. On attire de petits garnements qui n'ont jamais été à l'école du dimanche, qui n'ont pas la moindre notion d'obéissance ni de respect, on les séduit par l'appât d'un semblant d'uniforme, qu'ils n'auront du reste le droit de porter que lorsqu'ils sauront faire l'exercice. Tous les garçons, d'un bout du monde à l'autre, ont des aptitudes naturelles pour jouer au soldat ; peu à peu, tout en apprenant à manœuvrer selon l'ordonnance, ils apprennent aussi qu'un soldat ne doit avoir ni les mains sales, ni des cheveux incultes, ni des habits déchirés ; ils apprennent l'exactitude, la soumission à une règle. Mais de la part des officiers, combien ne faut-il pas de patience ! Deux étudiants de Harvard, rompus aux exercices militaires, se dévouent à former la brigade récalcitrante, avec laquelle ce soir-là je fais connaissance. Il y a devant nous une troupe de petits bandits, chaussés pour la plupart de bottes éculées sans proportion avec leur taille et à l'aide desquelles ils s'administrent de formidables coups de pied. Ils en sont à l'ABC du métier et font de l'exercice un prétexte à mille gamineries ; leur imposer silence serait impossible. Une émeute finit par éclater, forçant les chefs à faire évacuer la salle afin de séparer les agitateurs de ceux qui témoignent quelque bonne volonté. En vain la généreuse organisatrice de la brigade essaye-t-elle de les haranguer ; en vain leur montre-t-elle les gravures très intéressantes qui accompagnent un article sur le procédé Drummond publié dans le *Mac Clure's Magazine*. Ils s'écrient en regardant les modèles qu'on leur propose : « Des soldats de plomb ! » Et les rires d'éclater, tous les projectiles qui leur tombent sous la main, crachoirs compris, de voler d'une tête à l'autre. C'est toujours ainsi au commencement. Gavroche en Amérique est tout de bon terrible, et il ne s'en cache pas ; la sournoiserie paraît lui être inconnue comme la déférence. Il se moque effrontément des savants messieurs et des belles dames qui s'exténuent à lui faire du bien, mais au moins n'a-t-il jamais l'idée de les tromper par des grimaces hypocrites et intéressées. Pendant quelques semaines, il faudra lutter contre les diableries de ces indomptables ; puis la peur d'être expulsés une fois pour toutes les assouplira ; ils deviendront dignes de porter les glorieux insignes. Dès lors il est facile de les conduire comme un seul homme. On voit des brigades aller au bain en marquant le pas militaire ; on en voit partir pour un de ces campements rustiques qui sont entrés dans les mœurs américaines, les plus pauvres habitants des villes pouvant ainsi se donner quelques jours de repos au grand air, prendre d'utiles vacances qui ne leur coûtent presque rien. J'ai lu que nulle part le développement des brigades n'était aussi remarquable qu'à San Francisco, que quatre cents garçons étaient allés sans surveillance former un camp d'été à 128 milles de là, sur la plage de Pacific Grove. Ceux-ci étaient arrivés au degré de *Christian manliness*, de virilité chrétienne, qui leur est proposé comme objectif et qui implique avant tout le respect de soi-même ; ils étaient reconnus capables de se diriger tout seuls. L'autorité paternelle d'un bon officier peut beaucoup pour atteindre ce but, mais on compte aussi sur l'influence des femmes.

C'est un plaisir pour toute jeune Américaine active et déterminée de contribuer à la formation de cette armée du devoir. Je me rappelle mon étonnement la première fois qu'une mère de famille me dit de la façon la plus naturelle : — Une de mes filles a la vocation du *kindergarten* ; elle donne aux petits enfants toutes ses matinées ; l'autre dirige une brigade de garçons. — J'eus d'ailleurs l'occasion de voir ensuite combien était fréquent ce genre de charité. L'aimable fille d'un riche éditeur me fit visiter le club où les enrôlés sous ses ordres trouvent des livres, des jeux, une gymnastique, un petit théâtre. M'accompagnant ensuite à travers l'une des plus belles imprimeries qui soient au monde — la *Riverside press* de Cambridge — elle appelait pour me le présenter avec orgueil un de ses boys qu'elle avait placé chez son père, collaborateur empressé de la bonne œuvre qui l'absorbe tout entière. C'est peut-être aux femmes on effet qu'il appartient de former des hommes ; l'instinct de la maternité qu'elles ont presque en naissant les prépare à cette tâche.

J'admire de plus en plus l'esprit public montré en toute circonstance par les dames de Boston ; aucune des affaires de la ville ni de l'Etat ne leur est étrangère, elles poussent incessamment à la roue du progrès ; l'une d'elles, en m'expliquant combien peu elle souhaitait pour sa part que le sexe dont elle fait partie fût admis à voter, me donnait cette raison : « Je ne serais plus libre de m'adresser à tous nos hommes politiques pour obtenir ce que je veux. » Et ce qu'elle veut, ce qu'elles veulent toutes, c'est le bien général, s'interdisent, même en matière de charité, l'élan aveugle d'un bon cœur, ayant sans cesse présents à l'esprit les grands problèmes sociaux, spécialement deux périls qu'en tous pays il y a lieu de combattre : l'agglomération des incapables dans les grandes villes et la confusion trop souvent faite entre les malheureux qu'il s'agit d'aider et les misérables par leur faute qu'il s'agit de réformer. On serait fort étonné dans les vieux pays de voir avec quelle facilité cette réforme tentée par la philanthropie américaine s'applique au caractère des gens pour arriver ensuite à leur situation. L'ivrognerie est la plaie sociale ; eh bien, un ivrogne peut être enfermé à l'*Inebriate hospital* et traité médicalement jusqu'à ce qu'il ait pris son parti de travailler pour sa famille. J'ai rencontré à un jour fort élégant, auprès de la table à thé de cinq heures, une délicate jeune femme qui donnait tous ses soins à l'hôpital des ivrognes. J'ai vu plusieurs fois une des dames les mieux posées dans la société bostonienne qui s'est fait une spécialité de visiter la prison des hommes ; elle entre par permission spéciale dans les cellules, cause avec les condamnés, prend sur eux un empire extraordinaire. Elle est restée intrépidement enfermée seule avec un meurtrier dont on ne pouvait rien faire et qui, pas plus que les autres, n'a résisté à sa parole, à son énergique pitié. Il suffit de lavoir pour comprendre l'ascendant qu'elle exerce : encore belle sous ses cheveux blancs, avec des yeux d'aigle pleins de flamme, une sorte de brusquerie bienveillante, une expression de force, de passion, d'enthousiasme dans tout son être, c'est la *fearlessness* en personne ; elle ne craint rien et ne peut rien craindre. Le ton qu'elle prend n'est pas celui de l'exhortation douce et banale ; elle parle à ces réprouvés des tentations et des fatalités qui ne sont point épargnées à ceux qu'ils considèrent comme les privilégiés de ce monde ; elle leur fait sentir que tous les hommes sont semblables en somme, que tous doivent lutter, que pour tous la victoire est difficile. Je l'ai entendue, et je crois pouvoir me rendre compte de l'efficacité des moyens qu'elle emploie pour secouer les endurcis qui l'écoutent. L'un d'eux, sorti de prison après dix années et réhabilité à l'étranger, est venu lui dire, sous sa nouvelle apparence d'honnête homme, qu'elle seule l'avait préservé du désespoir, du suicide, que ce qu'il était devenu, il le lui devait. « Ceci, ajoute-t-elle en racontant le fait, est une de ces récompenses qui vous payent de tout. »

J'assiste à une séance de « l'Association des charités de Boston » laquelle a pour but d'assurer l'action harmonieuse des différentes œuvres de bienfaisance, d'empêcher la mendicité, d'étudier d'une façon toute scientifique les méthodes les mieux entendues pour le soulagement de la misère. Pas d'aumônes, mais des amis, telle est la devise de cette société. Elle procure des places, du travail, elle arrache de pauvres endettés aux griffes des prêteurs à gros intérêts, l'usurier étant, avec le whisky, le grand ennemi du peuple américain.

Cette année qui, par suite des paniques financières, de l'arrêt de la production et de la fermeture d'un grand nombre de fabriques, fut une année de souffrance exceptionnelle pour les pauvres, l'association fonctionna avec une ardeur exceptionnelle aussi. Dans la discussion des cas d'indigence examinés devant moi, le rôle joué par une des dames présentes, miss A… m'a surtout impressionnée. Le genre de charité qu'elle exerce prouve combien l'étude des langues contribue à élargir le cœur et l'esprit, multipliant chez chacun de nous pour ainsi dire des âmes diverses. Si elle ne comprenait pas toutes les langues de l'Europe, miss A… serait une puritaine de Boston pesant le bien et le mal dans les balances d'une justice rigoureuse ; mais elle est devenue le truchement attitré des étrangers misérables. Elle s'est faite l'avocat de leurs besoins, de leurs sentiments, qui ne peuvent se transformer d'un jour à l'autre par l'effet de l'atmosphère nouvelle qu'ils respirent. Les Italiens en particulier sont ses enfants ; elle leur donne ce qu'elle peut de la patrie absente ; elle les écoute, elle se livre personnellement au blâme en excusant ce qu'il y a de plus répréhensible chez ces pauvres épaves qui, dans les faubourgs de Boston, se rappellent trop Naples ou Palerme. J'ai dit que tout le monde s'occupait des bons pauvres. Miss A… est peut-être seule à s'intéresser aux mauvais, à les aimer pour leurs péchés et pour leurs faiblesses. Appartenant moi-même au vieux monde corrompu d'où viennent les émigrants, je lui en reste reconnaissante comme si j'étais l'un d'entre eux.

VI.

Les *Collège settlements*. Leçons de repos. – La science chrétienne. Les Fads bostoniens.

Il va sans dire que cet esprit public si généralement américain se manifeste surtout chez les personnes mures, affranchies plus ou moins par le célibat ou le veuvage des devoirs de la ménagère, et chez les mères de famille à qui l'école, où tous les enfants sont envoyés sans exception, laisse de longues heures de liberté ; cependant il n'est point absent chez les jeunes filles. Je voudrais que les nôtres pussent voir tout ce qui remplit la vie de leurs sœurs d'Amérique, en plus du fameux *flirt*, et très souvent à son exclusion. D'abord, bien entendu, elles appartiennent presque toutes à plusieurs clubs, — on ne serait rien sans cela ; — et les travaux d'un club ne laissent pas que d'être absorbants. Ils sont à la fois d'un ordre intellectuel et charitable ; les membres d'un de ces clubs de jeunes filles n'ont-ils pas joué naguère une tragédie de Sophocle ? L'exemple vient de Harvard, où les étudiants, vers la fin du séjour que je fis à Boston, jouaient Térence en latin avec toutes les recherches d'un savant archaïsme : ces demoiselles se sont tenues modestement, et je m'en étonne, aux traductions du grec. La plus belle des actrices sans contredit, — celle dont le pinceau de Mrs Whitman a fixé l'attitude de statue, les bras et les yeux levés au ciel, — une jeune Diane qui pourrait se contenter du rôle de déesse, passe de son plein gré, par unique désir de se rendre utile, la meilleure partie de ses journées comme professeur libre dans une école, et cela sans bruit, sans même en parler. Une autre, qui aurait le droit aussi d'être fière de sa beauté, puisque le fameux sculpteur Saint-Gaudens lui a demandé de poser pour une figure d'ange, est toute aux hôpitaux d'enfants et a écrit des conseils d'hygiène dont profite le premier âge. D'autres encore, et en grand nombre, s'intéressent aux *college settlements*. Elles ont goûté ces paroles d'un philanthrope anglais : « Nos chagrins délicats, impalpables, nos chères émotions si aiguës, si douloureuses, combien tout cela semble-t-il étrange, presque irréel, auprès de la grande masse de misère ignoble qui embourbe la vie des grandes villes ! »

Par la bouche de M. Robert Woods, une éloquente protestation est partie d'Andover House, ce foyer de la charité à Boston, contre la science égoïste et sans cœur. On souhaiterait de la faire arriver aux oreilles de tous les orgueilleux qui croient que le travail intellectuel les dispense d'aimer l'humanité, de se dévouer à elle. En voici le résumé : la société moderne a de grandes ressources jusqu'ici mal appliquées à des besoins multiples, il faut équilibrer les ressources et les besoins, mobiliser les forces de la civilisation, c'est la meilleure de toutes les politiques. Mais la société ne sera pas sauvée par des *moyens*, elle le sera par des *personnes* ; il faut l'influence individuelle, l'intimité continue, l'intérêt pris aux affaires humaines par ceux qui ont bu aux sources de la science, qui ont acquis la largeur philosophique et historique nécessaire pour bien aimer son prochain. La science acquise, loin de détourner de l'exercice de la philanthropie, n'ajoutera qu'un stimulant de plus à la pitié naturelle. Chacun de nous, sans exception, doit être apôtre.

Je voudrais pouvoir citer tout ce que M. Woods a écrit d'excellent sur l'idée du *settlement* universitaire ; on y trouverait beaucoup de ressemblance avec le *settlement* social tel que l'a compris miss Addams. Le but est toujours de rendre le travail des pauvres attrayant, la vie des pauvres agréable. Il importe que l'homme commence à visiter partout d'autres hommes ses frères, que chaque visiteur soit un ange de force montrant à son frère plus faible l'ignominie d'une vie basse, et lui donnant par son propre exemple la vision d'une vie meilleure. M. Woods voudrait deux établissements de ce genre dans chaque quartier populeux, un d'hommes et un de femmes. Il en existe plusieurs à Boston. Le premier que j'ai visité était tout petit par la dimension de la maison, mais aussi grand qu'aucun autre, si l'on considère le zèle qu'apportaient dans leur tâche les résidentes, car, bien entendu, des visiteuses ne suffiraient pas ; la maison doit être habitée par des personnes qui lui donnent tout leur temps, prêtes à communiquer du matin au soir avec les voisins de conditions diverses. Certains résidents, certaines résidentes qui ont des ressources personnelles, se passent de salaire, d'autres sont soutenus par les membres des Universités et par les gens charitables de la ville. J'arrive, à l'heure qu'on appelle entre chien et loup, dans le *settlement* qui sera toujours pour moi celui de la petite aveugle. Cette fillette de six ou sept ans était blottie sur les genoux d'une jeune femme qui lui racontait des histoires, tout en se berçant avec elle dans son *rocking chair*. A notre approche elle se leva d'un bond, avec la liberté d'un enfant heureux, courut vers nous, ses pauvres mains étendues comme les antennes d'un insecte pour tâter les obstacles. En une minute, elle nous eut comptées, elle eut placé ses sympathies, nous demandant de nous déganter pour sentir nos mains, et babillant sur une foule de choses qu'elle semblait avoir vues. « C'est la joie de la maison, nous dit une des résidentes. Ses parents nous la donnent, ayant beaucoup de garçons qui faisaient de leur sœur une petite martyre. »

D'autres enfants vont et viennent, du dehors où il neige dans le petit salon bien chaud. Quelques-uns apportent un sou d'épargne pour la caisse où fructifient leurs économies. Ce sera peut-être là le commencement d'une vertu dont on n'a eu longtemps aucune idée en Amérique, ce pays par excellence du gaspillage insouciant. Les visiteuses aussi se succèdent, jeunes femmes de condition moyenne, qui, pâles, fatiguées, cherchent encore à rendre service, après une journée laborieuse : celle-ci donne des leçons, celle-là est employée dans une administration, mais, étant du quartier, elle veut en passant, avant de rentrer chez elle, prendre des nouvelles de la grande famille. Une graduée d'université prouvera de même que quatre années d'études supérieures ne l'ont pas séparée du commun des mortelles.

Le second *settlement* où j'ai été reçue renfermait plusieurs jolies chambres, dont chacune avait été meublée aux frais d'un des collèges de femmes du Massachusetts. La directrice de rétablissement nous dit qu'elle laisse à ses aides toute l'initiative possible, qu'il ne faut pas de règle étroite, mais simplement opposer les forces organisées du bien aux forces organisées du mal, sans avoir peur de se salir les mains en s'attaquant aux misères morales, qui ne sont souvent que les résultats presque inévitables de l'extrême pauvreté. Elle et ses compagnes se sont livrées pour commencer à une étude approfondie des conditions sociales du quartier, puis, une fois au courant des habitudes, des travaux de leurs voisins, tout a été facile ; elles n'ont eu qu'à entrer en communication avec les œuvres de charité déjà existantes aux alentours, avec les *trade unions*, les clubs d'ouvriers, les sociétés de tempérance, à visiter les malades, à causer, à prêter des livres, à suggérer des amusements sains. Dans la pièce voisine, nous entendons un babillage confus ; eh bien, cette chambre est pleine de petits enfants ; ils occupent leur après-midi d'une façon puérile en apparence, mais qui a cependant son côté sérieux. Une de ces dames leur apprend à faire un drapeau, à tailler le bois, à coudre l'étoffe en disposant les couleurs comme il faut ; celui qui aura réussi dans ses efforts emportera le drapeau, et, tout en le fabriquant, il en aura entendu l'histoire, c'est-à-dire les principaux faits de l'histoire d'Amérique.

A chaque instant la porte claque ; les mères de famille viennent demander des recettes de ménage, des renseignements, des conseils de toute sorte On fait de la musique certains soirs. Ce sont réceptions très simples sans doute, mais que l'on rend aussi agréables que possible. Les fleurs, les recherches décoratives abondent, et rien de tout cela ne rend les invités envieux, puisqu'ils en jouissent. Dans les *settlements* d'hommes, le capitaliste, le savant et l'ouvrier se rencontrent d'aventure sur un terrain neutre, d'égal à égal, et les résultats de ce rapprochement peuvent être considérables pour l'avenir.

Il ne faut pas croire que les jeunes filles américaines s'en tiennent à la philanthropie scientifique et raisonnée. Elles pratiquent, tout comme les nôtres, la charité mondaine. J'ai fréquenté des ventes au profit des pauvres, aussi brillantes que celles qui ont lieu à Paris, l'une d'elles en particulier, dont tous les produits étaient japonais et vendus par les plus charmantes bostoniennes déguisées en Japonaises ; la décoration des boutiques et la disposition générale du marché étaient d'une scrupuleuse rigueur ethnographique et d'un effet très pittoresque. Ni les bonnes œuvres, ni le goût passionné de l'étude ne détournent des occasions de plaisirs ; il faut voir comme la société se précipite pour entendre pendant ses tournées le grand comique américain Jefferson, pour applaudir les acteurs célèbres que la France envoie ! Le vaste hall, où chaque semaine est donnée de la musique d'orchestre excellente, est toujours comble. Le recueillement général ne laisse aucun doute sur la sincérité de l'intérêt pris par l'auditoire à ces concerts qui ne durent qu'une heure et demie environ, — mesure qu'il serait fort sage d'adopter partout.

Beaucoup de jeunes filles sont bonnes musiciennes ; elles s'empressent, aussitôt qu'elles le peuvent, de partir pour Munich et Bayreuth. Celles qui dessinent vont étudier la peinture en France, en Italie, prétexte à voyager. Au retour elles travaillent d'arrache-pied, rivalisant d'ardeur et de persévérance avec les artistes de profession. *Rien à demi* semble être la devise de toutes ces intelligentes, tenaces et ambitieuses personnes.

Une question que je devine sur les lèvres de mes lectrices est celle-ci : — Comment la faiblesse des femmes, si herculéenne qu'elle puisse être, résiste-t-elle à une pareille dépense d'activité, à ces existences doubles, triples, quadruples, menées de front et à la vapeur ? — Tenons compte de l'influence excitante, exhilarante d'un climat sec qui vous met du vif-argent dans les veines. Quelquefois cependant, très souvent même, la force nerveuse qu'on y puise cède tout à coup, les ailes qui vous portaient se brisent, et on tombe épuisée. Combien sont communs les signes de l'étisie, la rougeur hectique plaquée aux pommettes, les figures hâves, les joues creuses, les lèvres pâles, les yeux cernés ! La maladie nerveuse est partout, et voilà pourquoi les « leçons de repos » données par miss Payson Call ont tant de vogue. L'Amérique est probablement le seul pays du monde où l'on ait soumis à des principes d'hygiène l'art de se laisser aller.

J'ai sous les yeux le livre curieux de miss Call : *Power through repose*. Elle y raconte, — ce que je n'ai pas de peine à croire, — qu'un médecin allemand, s'étant établi en Amérique, fut absolument déconcerté par le nombre et la variété des désordres nerveux qu'on venait lui soumettre. A la fin il annonça la découverte d'un nouveau mal qu'il décora du nom d'*americanitis*. — Contre l'*americanitis* la Faculté s'évertue en vain, des maisons de santé spéciales se multiplient, on ordonne des cures de repos comme ailleurs des cures d'eau froide. Très judicieusement miss Call fait observer que les infirmités produites par un long oubli des lois de la nature ne peuvent être guéries que par un retour à ces lois dédaignées. Il faut donc apprendre, — et son enseignement roule là-dessus, — à s'abandonner dans le sommeil, à éviter toute contraction nerveuse en voiture ou à cheval, à penser tranquillement sans collaboration de forces superflues, à écouter et à regarder sans tension inutile, à causer sans caqueter à outrance, à diriger sa voix d'après les principes d'une saine physiologie, à ne pas coudre avec sa nuque, à ne point provoquer la crampe en écrivant, etc. Le chapitre le plus instructif, pour nous autres Françaises, du degré de surexcitation où peut arriver une Américaine est celui qui traite des fausses émotions : passion des élèves pour leur institutrice ; attachements morbides des jeunes filles entre elles ; amours artificielles qui ne sont que l'amour de l'émotion, non pas celui de la personne ; bref, pour tout traduire en un mot expressif qui résume le summum de la surexcitation nerveuse et la perte de tout empire sur soi-même : l'*ivresse sèche*. — En lisant ces pages on sent avec plaisir que la France est le pays du naturel et on se met à apprécier cette créature de bon sens, *Henriette*, qui nous avait toujours paru terre à terre à l'excès avant la traversée de l'Atlantique. Exagérer le devoir jusqu'au pédantisme et le sentiment de soi-même jusqu'à l'obsession, voilà des défauts auxquels Molière n'avait jamais pensé ! Nous ne possédons pas d'expression équivalente à *self-conscionsness*, qui peint un état d'âme sorti du puritanisme. L'incessant examen de conscience nous est étranger, la religion catholique habitue celles qui la pratiquent à se laisser conduire ; il en résulte, morale à part, une certaine grâce timide et une aimable méfiance de soi.

Miss Gall soigne l'âme et le corps, car elle nous dit qu'une dame vint la consulter pour guérir un excès de susceptibilité ; elle lui recommanda, toutes les fois qu'un mot la blesserait, de se figurer que ses jambes étaient lourdes, ce qui devait produire un relâchement des muscles, un dégagement des nerfs, et soulager la tension causée par sa trop grande impressionnabilité. Il paraît que l'ordonnance fit merveille, ce procédé tout extérieur aidant l'esprit de la malade à s'élever vers une plus haute philosophie. Nous comprenons mieux les conseils suivants : « — Ne résistez jamais à un ennui ; il est grossi par l'effort que vous faites pour le surmonter. — Le corps doit être dressé à obéir à l'esprit, l'esprit doit être dressé à donner au corps des ordres qui méritent d'être suivis. — Evitez la trop grande préoccupation de vous-même, la folie n'étant peut-être que de l'égoïsme monté en graine. — Plus vous employez le mot *je*, plus augmente en vous la maladie nerveuse. — Prenons tranquillement tout ce que la nature est constamment prête à nous donner et usons-en pour l'objet qu'elle nous propose qui est toujours le plus vrai et le meilleur ; nous vivrons ainsi comme vit un petit enfant, avec la sagesse en plus. » La « sérénité du petit enfant » est l'idéal offert par miss Call à ses élèves. L'une d'elles me raconta qu'en lui enseignant le repos, le parfait abandon de ses membres, son professeur l'avait mise en état de rouler du haut en lias d'un escalier sans se faire aucun mal ; elle m'offrit d'assister aux exercices et j'y consentis volontiers. J'allai avec elle chez miss Call. Je vis une jeune femme d'apparence calme et distinguée qui, en deux mots et sans aucun charlatanisme, m'exposa ce qu'elle ne veut pas appeler sa méthode, n'y voyant aucune idée nouvelle, rien que le retour à la nature. — Le rétablissement de l'équilibre physique et moral amené par l'art de ne rien faire pourra sauver la vie à beaucoup d'Américaines surmenées ; il doit être importé aussi en France assez prochainement. Peut-être les plus coquettes d'entre les Parisiennes se laisseront-elles tenter par le costume que miss Call endossa ce jour-là : un simple maillot recouvert d'une tunique de soie légère qui laisse libres les jambes et les bras. Cet accoutrement à la grecque n'est pas de rigueur : la blouse et le pantalon de gymnastique suffisent ; mais nous étions priées de suivre attentivement le jeu des muscles qui eût disparu sous l'étoffe. Miss Call étendue sur le plancher, ou debout dans des attitudes d'une grâce parfaite, nous donna vraiment l'impression reposante de l'abandon de tout effort et de toute volonté. Les yeux fermés, elle s'imagine être lourde comme du plomb, puis exécute avec lenteur des mouvements dont chacun de ses membres s'acquitte comme s'il faisait partie, dit-elle, d'un sac d'os rattachés entre eux par des liens très lâches. Il en résulte beaucoup de souplesse. Elle s'est approprié, en l'élargissant, le système Delsarte très répandu en Amérique, mais Delsarte ne pratiquait que la lettre, elle se pique d'avoir découvert l'esprit. Certainement l'art peut profiter de ses expériences ; elle croit qu'au théâtre une école de sincérité, opposée à l'hystérie dramatique trop répandue, en résultera. Liberté, rythme, équilibre, voilà les qualités qu'elle se propose de faire acquérir par un exercice normal qui, en même temps qu'il fortifie le corps, stimule le cerveau. Je n'ai pu juger que de la partie plastique et je dois convenir qu'elle était sans reproche. Il y a peut-être plus de rapports que l'on n'en distingue au premier aspect entre les cures par le repos de miss Call et les préceptes de cette nouvelle Science chrétienne qui implique également une espèce de quiétisme, réaction nécessaire contre l'infatigable vouloir puritain.

La Science chrétienne, que Mrs Coolidge, une de ses adeptes, nous présente comme l'expression moderne de la plus ancienne philosophie, la Science chrétienne, si critiquée qu'elle soit par quelques-uns, est en train de faire concurrence à la médecine dans certains cercles de New-York et de Boston. Elle est surtout en faveur à Boston, si fortement imbu de Transcendantalisme et qui se souvient toujours de l'enseignement d'Emerson : « Attelez votre charrette à une étoile. » C'est à Boston aussi que le grand prédicateur, l'évêque vénéré, Phillips Brooks, a prononcé ces belles paroles : « Il n'y a qu'une vie, la vie éternelle. » Tout ceci est parfaitement d'accord avec la science nouvelle ou renouvelée : il n'y a pas un principe pour les choses spirituelles et un autre pour les choses naturelles ; le même principe agit à travers le monde ; la matière est animée de vie divine comme l'esprit lui-même ; produits de la pensée créatrice, nous partageons sa vitalité sans bornes ; notre santé, tant morale que physique, dépend de ce courant établi. La guérison des maux physiques est secondaire ; la santé du corps s'ensuivra quand nous aurons l'âme saine. Salomon ne croyait pas non plus que Dieu eût fait la mort, entrée en ce monde par l'envie du diable et menaçante seulement pour qui se tient avec lui.

Je vais trouver une des dispensatrices de la science chrétienne dans son cabinet :

— Est-il vrai, madame, qu'à Boston et ailleurs plus d'une jeune femme se passe des secours du médecin dans la crise de la maternité, sous prétexte que nous devons vivre comme les lis des champs ?

— C'est un fait. Les femmes qui se dirigent d'après les préceptes de la science chrétienne oublient en cette circonstance, comme dans toutes les autres, qu'elles ont un corps. Elles se dispensent des précautions d'usage : on est étonné de les voir se lever, sortir, faire ce que le vulgaire appelle des imprudences et ne pas s'en porter plus mal.

— Mais enfin une jambe cassée demande à être remise. Que dois- je faire si je me casse la jambe ?

— Vous devez vous dire qu'elle n'est pas cassée, que le mal est illusion, et votre jambe guérira. Un accident brutal est beaucoup moins difficile à guérir que ces maux chroniques qui sont une mauvaise habitude de l'esprit. Je me suis blessée au bras dernièrement. J'ai continué d'agir en refusant de croire à mon mal et en me disant que tout était bien avec l'aide de Dieu. Deux jours après il n'y paraissait plus. Il y a des années que j'ai reconquis ainsi ma santé perdue au dire des médecins. Je l'ai reconquise pour mon enfant, pour beaucoup d'autres… — Pourrais-je être de ces privilégiés ?

— Tout dépend de l'état de votre âme. Je vais commencer une série de leçons ces jours-ci : veuillez y assister.

— Ainsi vous conseillez d'abord à ceux qui souffrent de se persuader que cette souffrance n'existe pas, et vous les pénétrez de ce qui est votre conviction jusqu'à ce que le soulagement s'ensuive ? Vous les magnétisez…

— Il n'y a pas de magnétisme là dedans, ou bien c'est un magnétisme involontaire, celui que chacun de nous exerce sur ses frères et qui représente le pouvoir croissant de recevoir et de rendre la vie. Nous n'employons ni l'hypnotisme ni la suggestion. Nous traitons le corps par l'âme.

— La religion ordonne de se résigner aux épreuves ; c'est le moyen de souffrir moins, je vous l'accorde, en s'épargnant les angoisses de l'impatience et de la révolte. Il me semble que la religion suffit, mais je crois que j'ajouterais à la force qu'elle donne une opération chirurgicale si par malheur j'en avais besoin.

Cette doctoresse d'un nouveau genre sourit avec une indulgente pitié pour mon aveuglement :

— Nous ne pouvons discuter avant que vous ayez suivi mon cours et que vous ne vous soyez prêtée à un petit examen…

— De conscience ? Vous ausculterez mon âme ?

— D'une façon sommaire et avec discrétion, uniquement afin de savoir si vous êtes dans les dispositions nécessaires pour guérir et afin de vous aider à y atteindre.

Elle a un air d'honnêteté profonde, des yeux de médium, vagues et bistrés, le teint maladif, quoiqu'elle prétende être parfaitement bien portante depuis qu'elle a trouvé la vérité.

Je dépose sur sa cheminée le prix de la consultation, et je me retire, en pensant à une amie qui, convertie à ce genre de cure spirituelle, a laissé grandir en elle une maladie intérieure dont elle serait morte sans des secours terrestres tardivement réclamés.

— C'est que sa foi était faible I diront quelques-uns.

D'autres se borneront à sourire, d'un sourire obstiné, comme cette belle jeune femme qui, peu de jours après la naissance de son enfant, me reconduisait, la tête découverte, le cou nu, sur le perron de sa demeure, et se tenait là par une glaciale journée de mars, en défiant les refroidissements.

Ces exemples aideront à découvrir ce qui est à Boston le revers de la médaille, une médaille si intéressante d'ailleurs, frappée de tant d'énergies et de délicatesses à la fois. L'engouement y règne, c'est chose proverbiale : toute l'Amérique vous parlera des *fads* bostoniens. J'en ai constaté deux ou trois pendant mon séjour et, si je n'en ai pas relevé davantage, c'est probablement faute d'attention. Le plus curieux m'a paru être celui dont Mozoomdar, le réformateur hindou, était l'objet. Certes le Congrès des religions à Chicago fut une grande chose ; il y eut dans cette rencontre volontaire des ministres de tous les cultes existants et dans rechange amical d'idées qui se produisit entre eux un témoignage superbe de la tolérance des temps et de l'esprit de sincérité qui prévaut de plus en plus ; peut-être marquera-t-il l'ère d'une sorte d'unité spirituelle ; mais que cette unité de si fraîche date autorise des sermons bouddhistes prononcés dans une chaire chrétienne, voilà qui semble plus difficile à admettre. Cependant, je suis moins choquée des rapprochements faits à Unity Church, (Chicago), par Dharmupala, de Ceylan, entre le Christ et le Bouddha, j'en suis moins choquée, dis-je, que de la pieuse attention accordée par les dames de Boston à la révélation d'un nouveau christianisme, christianisme oriental opposant sa gloire ensoleillée aux formes vieillies du nôtre.

L'engouement pour Mozoomdar est un exemple de *fad* pour les personnes ; l'engouement pour l'*Intruse* et les *Aveugles*, un exemple de *fad* pour les livres. L'abus des clubs aussi est un *fad* à Boston. J'ai montré, je crois, leurs bons côtés ; mais, en se multipliant, ils multiplient aussi les coteries. N'y a-t-il pas, d'après les statistiques, deux clubs de femmes légistes : le *Portia* et le *Pentagon* ? C'est assurément sans proportion avec le très petit nombre d'avocates ou d'étudiantes en droit. Les personnes d'une même profession risquent, en formant ainsi à l'écart une catégorie spéciale, de tomber dans la *pose*. Il est bon d'oublier quelquefois ce qu'on sait et ce qu'on est. La spontanéité, le parfait naturel sont des dons trop précieux pour qu'une femme risque de les perdre par excès de méthode et d'exclusivisme. Quand nous voulons goûter un livre, nous autres Françaises, nous le lisons au coin du feu, sans autre but que notre propre plaisir, sans éprouver le besoin de répéter à tout venant le fameux : « Avez-vous lu Baruch ? » en manière de propagande. A Boston les lectrices s'associeront pour commenter et discuter ce livre : voilà un nouveau club formé au nom de tel ou tel auteur. Il s'ensuit que, malgré tout le bien que j'ai dit de la conversation, celle-ci emprunte à l'habitude des clubs presque autant de défauts que de qualités ; le laisser aller, la légèreté lui manquent un peu ; on évite plutôt qu'on ne provoque ce passage rapide d'un sujet à un autre d'où jaillit le trait imprévu. La parole est un art porté très haut par quelques-uns, hommes et femmes, mais plutôt sous forme de monologue. D'ailleurs l'extrême politesse qui a cours défend dans la causerie, même intime, tout ce qui de près ou de loin ressemble à une interruption ; pour ne pas couper la parole au voisin, on laisse parfois refroidir la riposte, et les formules *Pardon ! Excusez-moi* ! reviennent plus souvent que nous ne le jugerions nécessaire. Il s'ensuit un peu de formalisme et d'apprêt. De même les mots heureux prononcés à la ronde sont recueillis, répétés, « mis sous verre, » surtout lorsqu'ils émanent de beaux esprits officiellement reconnus. Ceux-ci ne pouvaient être plus choyés à l'hôtel de Rambouillet qu'ils ne le sont par les précieuses de Boston. Nous supplions les dames américaines qui n'ont connaissance de ce mot qu'avec l'accompagnement d'une épithète injurieuse de vouloir bien oublier leur grand favori Coquelin en Mascarille, de se souvenir qu'avant d'être rendues *ridicules* par Molière, les précieuses furent *illustres* au gré de Corneille. La pruderie, l'affectation, le pédantisme qu'on a reprochés aux imitatrices dégénérées du premier *rond* dont Voiture était l'*âme* ne fut que l'exagération bourgeoise des raffinements et des délicatesses fort louables opposés par de grandes dames, qui étaient aussi des femmes de bien, aux dérèglements communs des mœurs et du langage. Comme Boston, l'hôtel de Rambouillet représenta un foyer de culture intellectuelle, et, en s'y reportant, on retrouverait dans l'un presque tout ce qui a cours aujourd'hui dans l'autre : le respect d'une vertueuse contrainte ; le culte de l'amitié ; le mépris des choses grossières ou même trop sensibles ; l'oubli volontaire des nécessités du corps et des conditions de la vieillesse ; les subtilités d'une langue de convention décernant de jolis surnoms aux initiés, etc. De même que la cour et la ville jalousaient l'hôtel de Rambouillet, de même les grandes villes rivales lancent à l'Athènes de l'Amérique les flèches de l'envie ; ce qui n'empêche pas que ce soit de Boston en particulier, et de la Nouvelle-Angleterre en général, que part la généreuse et noble impulsion qui chez nous autrefois, vers le commencement du XVIIe siècle, se communiquant du palais d'Arthénice à la France entière, y produisit le savoir-vivre, la politesse et l'esprit du monde, — dont les noms même étaient presque inconnus jusque-là.

Chapitre III
Les collèges de femmes – La coéducation - L'extension universitaire

I.

Collèges de femmes

Parmi tant d'affiches de théâtre qui, l'hiver dernier, annonçaient dans toute l'Amérique des pièces françaises adaptées et souvent démarquées, — entre *Champignol malgré lui*, devenu *the Other Man*, et la silhouette enluminée de Fanny Davenport en Cléopâtre, la *Cléopâtre* de Sardou, — j'ai vu par exception quelque chose de bien original. L'affiche représentait un frère et une sœur habillés exactement de même, à la jupe près, qui devait, au reste, chez la demoiselle, cacher une de ces *combination suits*, un de ces maillots collants de laine légère ou de soie, très généralement adoptés en Amérique au lieu du vieux linge féminin passé de mode. Même veston, même chapeau, même stick à la main, même lorgnette de courses en bandoulière, avec cette légende qui, partie gaillardement de la bouche de l'une, semblait forcer l'autre à reculer d'horreur : — « Partout où tu vas, mon cher Dick, j'irai aussi, moi ! » C'est bien le mot de la situation. Les frères vont à l'Université, les sœurs prétendent y aller aussi. Depuis

148

longtemps les établissements d'éducation soit publics, soit privés, *high schools* ou académies, ne leur suffisent plus, elles veulent se mettre en mesure d'aborder toutes les carrières autrefois réservées à l'homme. J'ai déjà dit, je crois, que les grands mouvements de la vie contemporaine des femmes en Amérique se manifestaient par le club et par le collège : l'association et la culture. Le pays commence à se couvrir de bachelières, de licenciées, de doctoresses.

Je fus invitée à Boston dans un club de graduées. J'ai le souvenir confus d'avoir donné là une centaine de poignées de main. Cette foule de jeunes filles parées de brevets était véritablement imposante, mais je ne pouvais m'empêcher de penser : « Que fait-on de cela au logis ? » J'oubliais que l'Amérique est un monde ; que les écoles y sont semées très épais ; et que pendant bien des années encore on n'aura jamais assez de professeurs. Toutes les jolies personnes qui me parlaient à la fois de Vassar, de Smith, de Wellesley, de Harvard, de Bryn Mawr où elles avaient pris leurs degrés étaient aussi gaies que si elles n'eussent pas été surchargées de science ; la présence des hommes n'aurait rien pu ajouter à leur intarissable entrain ; elles se suffisaient parfaitement à elles-mêmes, croquant des gâteaux, des sandwiches et buvant un thé fantaisiste, où dominait le citron. « Que devient le fameux *flirt* ?… » demandai-je à une amie. Elle se mit à rire et répondit : « Ce ne sont pas les mêmes ; mais il n'y a pas à se le dissimuler, le *flirt* diminue à mesure que s'accentue la culture. Beaucoup de filles ne se soucient plus de se marier ; en fait de conquêtes elles visent à l'indépendance. » — D'autres m'ont assuré au contraire que tous les diplômes du monde n'empêchaient pas la nature de suivre son cours et que l'éducation universitaire était celle qui pouvait le mieux préparer une femme aux devoirs de la vie, quel que fût le chemin qu'elle dût choisir. Je crois volontiers la première partie de cette assertion, je ne suis pas aussi sûre de l'absolue vérité de la seconde, mais je laisse à mes lecteurs le soin d'en décider, après un coup d'œil jeté sur quelques collèges.

Ils sont généralement fondés dans le proche voisinage, et sous l'aile pour ainsi dire des universités les plus fameuses. C'est ainsi qu'à New-York le collège de Barnard se rattache à celui de Columbia ; c'est ainsi que, grâce à l'annexe féminine de Harvard, 263 jeunes filles, privilégiées entre toutes, sont admises à respirer dans la cité académique par excellence cette atmosphère de New-Cambridge qui a mûri tant de belles intelligences et fait germer de si grands talents. *New*, nouveau, Cambridge ne l'est que par opposition au vieux Cambridge anglais, car ce fut dès 1636 qu'un gradué de cette dernière université, John Harvard, créa le foyer de science qui porte son nom, Le temps a donc mis sa patine aux bâti mens principaux, si vénérables avec leur grande cour fermée par des grilles de fer forgé et plantée d'ormes centenaires. Un de ces ormes, celui de Washington, porte une inscription rappelant le jour où, sous son ombre, pour la première fois, le grand homme tira l'épée à la tête d'une armée américaine. La ville tout entière semble consacrée à l'étude, à l'histoire, à de pieux souvenirs. On m'a fait visiter les maisons de Longfellow et de Lowell, encore habitées par leurs familles et remplies de livres, de bustes, de meubles, de tableaux qui sont autant de reliques. Dans celle de Longfellow, d'un style colonial très pur, demeura autrefois Washington.

Presque toutes ces maisons de bois ont des pignons élevés ou des portiques à colonnes. En vous les montrant, on nomme la plupart des écrivains dont s'enorgueillit la Nouvelle-Angleterre. Les gloires de première grandeur ont disparu, mais les veuves et les filles de ces morts vénérés sont toujours là, entourées de respect ; elles donnent leur temps, leurs soins, leur protection au collège des jeunes filles qui se piquent de passer les mêmes examens que les étudiants de l'Université.

Ce collège me paraît supérieur à toute critique pour plusieurs raisons, dont la première est la direction morale que lui imprime Mrs Agassiz, personne d'un grand sens et d'un grand goût, deux qualités qui, on l'a constaté souvent, ne marchent guère l'une sans l'autre. La société qui patronne l'instruction universitaire des filles est composée à

Cambridge d'hommes et de femmes de la plus haute distinction ; sa présidente, veuve du célèbre naturaliste Louis Agassiz, me représente une Maintenon américaine régnant sur un Saint-Cyr moderne d'où l'on sort pourvue de sérieux diplômes, mais aussi de principes solides et d'excellentes façons. Quatre années passées en contact presque journalier avec un pareil caractère ne peuvent que développer ce qu'il y a de meilleur chez chacune des étudiantes. Une autre raison qui met l'annexe de Harvard hors pair, c'est la perpétuelle influence de la grande Université, qui lui prête ses professeurs. Le petit nombre des étudiantes est aussi un réel avantage, ainsi que l'externat qui disperse toutes les jeunes filles venues de loin dans des familles de la ville où elles prennent pension. Le système des dortoirs d'un genre ou d'un autre est évité ainsi. Presque partout ailleurs il m'a choquée. Rien de plus coquet, de plus confortable assurément que les chambres de pensionnaires telles qu'elles existent en Amérique ; mais l'inégalité du gîte ne peut manquer de produire l'en vie et la vanité, à moins que, comme dans le seul collège de Baltimore, les meilleures chambres n'appartiennent de droit non aux plus riches, mais aux plus méritantes. L'habitude de loger les étudiantes deux par deux me déplaît encore davantage, soit qu'un petit salon commun sépare les deux chambres (j'ai vu l'une des pensionnaires y recevoir son frère, qui n'était pas le frère de l'autre), soit que la chambre ait deux lits, soit enfin, comme il arrive assez souvent, qu'un seul fit soit partagé par deux personnes. Le régime de Harvard Annex supprime tout cela.

L'une des patronnes de l'endroit, la fille aînée de l'auteur d'*Évangeline*, m'a promenée à travers *Fay House*, c'est le nom du bâtiment où sont logés les classes, les laboratoires, les salles de musique et de conférences. Tout est parfaitement aménagé, sans aucun faste superflu. La bibliothèque, bien choisie, est utile surtout au point de vue des salles de lecture, car celle de l'Université est à la disposition de l'Annexe.

Mrs Agassiz donne chaque mercredi un thé où l'on cause ; les étudiantes qu'elle réunit maternellement autour d'elle, lui doivent le bienfait de l'éducation, si supérieur à celui de l'instruction. Associée jadis aux grands travaux et aux grands voyages de son mari, Mrs Agassiz reste parée d'un prestige qui augmente la valeur de ses conseils. Elle pense comme Wordsworth et comme Emerson : le premier disait de l'Amérique que la société y était éclairée par un enseignement superficiel sans nulle proportion avec le frein de la culture morale. Emerson, qui cite ce jugement, ajoute qu'à son avis les écoles peuvent ne faire aucun bien ; que l'éducation fournie par les circonstances est souvent préférable aux leçons proprement dites ; que l'essentiel est d'échapper à toute fausseté, d'avoir le courage d'être ce qu'on est, d'aimer ce qui est beau, de garder son indépendance et sa bonne humeur, et d'avoir pour désir constant d'ajouter quelque chose au bien-être d'autrui. Très certainement ces saines maximes ont cours dans le cercle raffiné de Harvard ; les femmes qui sortent de là ne sont pas seulement des savantes, mais par excellence des « dames », grâce à l'effet souverain de l'exemple et du milieu.

Un autre collège de très grand air, plus récemment fondé (1884) aux environs de Philadelphie, est celui de Bryn Mawr. Dans une campagne boisée, au milieu des pelouses et des jardins, s'élèvent six bâtiments distincts, d'un aspect pittoresque, dont les tours et les pignons apparaissent dans la verdure. Les uns servent à l'habitation, les autres aux divers départements d'étude, aménagés d'après les méthodes les meilleures et les plus nouvelles. Les professeurs, hommes et femmes, logent au dehors ; personne ne demeure au collège que les étudiantes et leur directrice, miss M. Carey Thomas, qui porte avec infiniment d'autorité aimable le titre imposant de *dean*, doyenne. Peut-être sa connaissance parfaite de notre langue, de notre littérature, de tout ce qui est français, y est-elle pour quelque chose ; mais le type de la femme de l'avenir, celle qu'a pressentie Tennyson, « maîtresse d'apprendre et d'être tout ce qu'elle peut être et devenir, sans sortir de sa nature de femme », sans ressembler à « un homme ébauché », sans que la pensée étouffe en elle la grâce, m'a paru incarné d'une façon tout particulièrement séduisante chez le *dean* Thomas. Secondée par des femmes jeunes, actives, dévouées, que leur grande fortune met d'ailleurs au-dessus de toute préoccupation sordide, elle donne évidemment la plus noble impulsion à un groupe d'étudiantes dont le nombre ne dépasse guère 150. Il ne faut pas croire qu'en Amérique tous les brevets, — décernés dans le collège même, contrairement à l'usage français, — aient une valeur égale : on leur attribue d'autant plus de prix que le collège occupe un rang plus haut. Un certificat de Harvard par exemple ouvre toutes les portes à qui le possède, et c'est aussi une inestimable distinction que d'avoir suivi les cours classiques, scientifiques ou littéraires de Bryn Mawr. Le monde sait qu'aucun désir de paraître, aucune frivolité, aucun à peu près ne se mêle à l'enseignement, comme il peut arriver autre part, et que la femme qui sort de là *master of arts*, voire même *doctor of philosophy*, est tout de bon munie du bagage d'un licencié ou d'un docteur. Elles sont non seulement sérieuses, mais fort attrayantes, ces jeunes graduées, sous la toge noire et le bonnet carré qu'elles portent dans l'enceinte du collège et qui les fait ressembler à la Portia de Shakspeare. Leur existence me paraît à tous les points de vue délicieuse : la liberté de la campagnc, le recueillement désirable pour travailler sans aucun souci, le voisinage d'une grande ville avec ses ressources artistiques et autres, dont rien ne les empêche de profiter, quatre mois de vacances permettant des voyages, une installation du plus parfait confort, des professeurs triés sur le volet et tous les moyens sans exception de se développer au moral comme au physique, voilà leur partage. Dans le vaste gymnase, j'ai vu Portia dépouillée de sa robe de docteur et s'appliquant aux exercices qui empêchent le corps d'être opprimé par l'esprit. Des culottes bouffantes très courtes montraient hardiment la jambe bien faite ; une blouse russe rentrée dans la ceinture de cuir dessinait une taille plus développée que ne l'autorise en général le goût américain pour la sveltesse ; des bas de soie noire et des souliers plats complétaient ce joli costume, et le tout attestait que l'écueil du surmenage avait été victorieusement évité. La doyenne m'avait promenée auparavant à travers les autres corps de logis où sont réparties les classes, les salles d'étude et de conférence, les chambres à coucher, etc. Dans le bâtiment principal, des bustes de marbre d'après l'antique bordaient les galeries bien aérées et ensoleillées. Je fus un peu surprise de voir aussi dans la chapelle les bustes de Dante et de Savonarole, car on m'avait dit que Bryn Mawr était fondé par un quaker ; mais en Amérique les femmes qui ont vieilli sous l'ancienne loi s'étonnent de tout. Par exemple, l'aspect encombré des laboratoires me fit constater une passion pour la biologie qui, en Europe, n'est qu'exceptionnelle chez les jeunes filles, et qui est ici au contraire presque générale. Chacune de ces demoiselles s'occupait à torturer délicatement une grenouille ou un homard. Miss Thomas m'expliqua que leur goût pour la chimie et la biologie était stimulé depuis peu par le privilège enfin accordé aux femmes d'être reçues dans les mêmes conditions que les hommes, à l'école de médecine de Baltimore. John Hopkins, en consacrant son immense fortune à cette ville pour la fondation de l'Université et de l'hôpital, avait souhaité aussi la création d'une école de médecine, mais les fonds manquèrent. Pour y suppléer un comité de dames offrit 111731 de dollars, puis l'une des bienfaitrices de Bryn Mawr, miss Mary Garrett, en ajouta 306977, à la condition que les étudiantes admises subiraient les mêmes concours et auraient droit à tous les mêmes prix, dignités et honneurs que leurs confrères.

« Mais, dis-je au *dean* Thomas, en admirant la générosité de miss Garrett que je devais avoir plus tard l'occasion de connaître, — si modeste et si simple, d'une si grande douceur, quelque révolutionnaire qu'elle soit à sa façon, — mais tout cet essaim de jeunes filles ne se destine pas à étudier la médecine ? — Assurément non, me répondit-elle : un peu de biologie cependant ne leur sera point inutile, ne fût-ce que pour les mettre d'une façon scientifique, et saine par conséquent, au courant de beaucoup de choses naturelles. » Je songeai, sans oser le dire, que chez nous tous les soins des mères de famille et des éducatrices tendent à voiler au contraire pour les filles certaines choses naturelles jusqu'au jour où le mariage jette sur elles des clartés inattendues, et je me sentis vraiment dans un autre monde.

Cette impression devint plus vive encore lorsqu'on me fit visiter les appartements particuliers des étudiantes. Le service est fait par des femmes de couleur ; les chambres à coucher, les petits salons sont aussi joliment meublés que le comporterait la vie de famille la plus élégante, la fantaisie individuelle se donnant carrière là comme ailleurs. (J'ai vu dans un collège, qui n'était pas Bryn Mawr, les drapeaux de tous les peuples décorer une de ces chambres, où le fit est adroitement dissimulé.) Partout de petites tables à thé autour desquelles s'éparpillent des rocking-chairs enrubannés, garnis de coussins, partout des tentures d'étoffes à fleurs ou à ramages, des portières de peluche. Le salon de réception n'a certes rien de commun avec les tristes parloirs d'Europe : on y danse, on y cause, on y donne de petites fêtes à jours déterminés.

— Les visites ne sont permises que jusqu'à dix heures du soir, me dit mon guide.

— Visites de femmes, bien entendu ?

— Mais non : visites de parents et d'amis des deux sexes.

— Comment ?… Sans surveillance ?…

Miss Thomas, que divertissaient beaucoup mes questions saugrenues, mes ébahissements de Huron, me montra qu'en face du grand salon, de l'autre côté du corridor, se trouvait le boudoir particulier de la dame préposée au gouvernement du pavillon. Ni l'une ni l'autre des deux pièces n'avait de porte : rien que des baies ouvertes, des portières flottantes. Il en est ainsi pour les appartenions de réception de presque toutes les maisons américaines, l'usage général des calorifères s'y prêtant. Le flirt, en tout cas, ne s'entoure pas de mystère.

— Très peu de règles formelles existent à Bryn Mawr, me dit miss Thomas. — Les étudiantes vont à Philadelphie sans être obligées de l'en avertir autrement que par déférence ; elles n'abusent pas de la permission, ayant intérêt à ne point manquer les cours, puisqu'elles sont au collège pour travailler.

— La France aura-t-elle jamais l'équivalent d'un Harvard-Annex ou d'un Bryn Mawr ? — Je me pose cette interrogation tandis que le train du soir me ramène vers Philadelphie. Et j'ai le sentiment que nous sommes terriblement en retard. Mais la crainte me prend aussitôt qu'une fois partis, nous n'allions un peu trop vite sur des chemins qui, tracés à l'instar des chemins étrangers, sans souci des obstacles de chez nous, ne sont pas ceux qui conviennent à notre tempérament et à nos forces.

Mon ambition ne va pas par exemple jusqu'à souhaiter que nous ayons un Wellesley avec 700 étudiantes. Ce collège me paraît décidément trop nombreux ; il m'a fait sentir d'une façon saisissante le péril qui menace les Etats-Unis : trop de culture à tous les rangs de la société, la culture ainsi étendue ne pouvant être bien profonde. En outre on se demande quel effet doit produire sur des filles, dont la plupart sont destinées à gagner leur pain, cette halte de quatre ans dans le palais de l'Idéal, hors de la famille, entre la médiocrité du passé et les cruautés de la lutte pour l'existence qui les attend. Car le nom de palais, ou tout au moins celui de château, sied par excellence à Wellesley, mirant sa noble architecture dans un lac enchanté au milieu du parc de 450 acres qui l'entoure. Moyennant la modique somme de 1 700 francs, quelquefois diminuée par les dons ou allégée par les prêts d'une active société de secours, les étudiantes de Wellesley jouissent non seulement de tous les moyens d'atteindre à leurs brevets ou de se perfectionner sans aucun autre but dans les lettres, les sciences et les arts, mais encore les douceurs de la vie matérielle leur sont prodiguées. Elles trouvent bonne table et bon gîte dans les six jolis cottages, placés chacun sous la charge d'une matrone, et qui s'éparpillent autour des bâtiments principaux : collège, école des beaux-arts, *hall* de musique ; le lac Waban est à elles pour y ramer, y organiser des régates en été, pour y patiner l'hiver ; elles sont enfin à quinze milles de Boston, ce qui suppose un va-et-vient continuel de visites intéressantes. Le jour où je reçus à Wellesley la plus cordiale hospitalité, Richard W. Gilder, le poète, était venu faire une conférence sur le président Lincoln considéré comme orateur, et d'autres convives éminents figuraient à un lunch simplement, mais substantiellement servi, dont la présidente, miss Helen Shafer, faisait les honneurs, tandis qu'une escouade de pensionnaires vaquaient au service. Le fondateur de Wellesley, H. Fowle Durant, a voulu qu'il en fût ainsi en décidant que chaque étudiante contribuerait journellement, l'espace de quarante-cinq minutes, à une partie du travail domestique pour glorifier cette utile besogne, et pour empêcher les prétentions de caste.

La beauté du lieu nous avait tous ravis. Autant que le permettaient la neige et sous un radieux soleil qui la faisait étinceler, nous avions parcouru le parc immense, où tout est réuni : beautés de l'art et de la nature, collines, bois, prairies, eaux jaillissantes. Quelqu'un hasarda une comparaison enthousiaste entre cette académie et celle de la *Princesse* qui, dans le poème anglais, rassemble autour d'elle toutes les jeunes filles des Etats de son père avec l'intention d'émanciper le sexe auquel elle appartient. Le rapprochement était d'autant plus juste que le collège de Wellesley, sans aller jusqu'à défendre sous peine de mort son accès aux hommes, est, par exception unique, tout entier entre les mains des femmes, seules admises à composer la faculté, si les hommes comptent dans le conseil d'administration. M. Durant et sa femme, qui lui survit, ont toujours affirmé sur ce sujet des idées très absolues. L'histoire de la fondation du collège (1875) est curieuse et touchante.

Un avocat en renom eut, dans la force de l'âge et du succès, le cœur brisé par la mort de son enfant unique : il abandonna brusquement le barreau pour se livrer à des œuvres religieuses et philanthropiques.

L'inspiration lui vint d'assurer à la masse des jeunes filles de son pays les bienfaits d'une éducation qui les rendrait propres à toutes les carrières et, dès le mois de septembre 1871, la pierre angulaire du bâtiment principal, le *College Hall*, fut posée, côte à côte avec une Bible.

Le *College Hall* est un bel édifice, brique et pierre, en forme de croix latine double. On entre dans un vestibule monumental dallé de marbre, rempli de plantes vertes décoratives, au milieu duquel s'élève l'escalier, éclairé d'en haut à la mode italienne, avec balustres et galeries d'étage en étage. Partout des tableaux, des statues : celle de Harriet Martineau, par miss Whitney, semble, dès le seuil même de la maison, montrer le chemin aux logiciennes, aux économistes, aux réformatrices de l'avenir. Le grand salon de la faculté est décoré avec luxe ; un autre salon est dédié à la mémoire d'Elizabeth Browning, apparemment comme au plus pur et au plus élevé des génies féminins ; il renferme tous les portraits et tous les bustes de l'auteur d'*Aurora Leigh*, auxquels sont joints des autographes de son mari.

La magnifique bibliothèque compte plus de 40000 volumes, grâce à la générosité du professeur Horsford, de Cambridge. Les étudiantes ont le libre accès de cette bibliothèque, distribuée avec une méthode et un souci du recueillement de chacune, tout à fait incomparables ; elles trouvent en outre une quantité de revues anglaises ou étrangères, rangées sur des tables spéciales. Il en est de même d'ailleurs dans tous les autres collèges. Je risquerais de continuelles redites en énumérant les clubs, les sociétés diverses que recèle chacun d'eux, — les membres de celles-ci, qui portent des noms appropriés à leur but : *Phi Sigma, Zeta Alpha, Agora*, etc., se proposant d'activer les études littéraires ou de susciter un intérêt intelligent pour les questions politiques du jour, ou encore de s'occuper de musique sous l'invocation de Beethoven, — ainsi de suite. Il va sans dire que partout il y a une *Shakespeare society* et qu'une association chrétienne dirige le zèle religieux vers les questions sociales. Le théâtre aussi a ses adeptes à titre de récréation : en visitant avec le secours de l'ascenseur tous les nombreux étages du collège, nous rencontrons une troupe rieuse de jeunes actrices, joliment costumées pour la répétition générale d'une comédie.

Dans le parc, un conservatoire de musique renferme quarante pianos, un orgue, et une salle de récitation à l'usage des classes chorales. Les concerts débordent jusque dans la chapelle, ce qui scandalise toujours les voyageurs de pays catholiques : il faut leur rappeler que pour les protestants, l'église n'a son caractère sacré que pendant la durée du service, après quoi elle redevient un local comme tous les autres.

L'école des Beaux-Arts, de style grec, couronne une colline ; on ne peut dire, malgré les dons qu'elle a reçus, que ses galeries soient garnies de chefs-d'œuvre, mais elle est très bien aménagée sous le rapport des salles de conférence et des ateliers de dessin, de peinture, d'architecture. Je vois parmi les collections offertes une belle vitrine remplie de broderies anciennes, et je hasarde une question qui me vaut cette brève réponse : « Les étudiantes laissent l'aiguille aux écoles professionnelles. »

Un portrait en pied de Mrs Freeman Palmer, dans la galerie des beaux-arts, rappelle agréablement la seconde présidente de Wellesley qui fut, de l'avis de tous, une habile organisatrice. Miss Shafer était, avant de lui succéder, un très remarquable professeur de mathématiques. Jusqu'à sa mort prématurée, qui suivit de près ma visite à Wellesley, elle tint haut et ferme, assure-t-on, le drapeau des études classiques et scientifiques chaque fois qu'il s'agissait de diplômes, tout en laissant une très grande liberté à ce qu'on appelle les études électives. Consultons à ce sujet les statistiques toujours éloquentes : sept mille jeunes filles ont, dans l'espace d'une vingtaine d'années, étudié plus ou moins longtemps à Wellesley. Des associations subsistent entre elles, d'un bout à l'autre des Etats-Unis, permettant de compter celles qui ont tiré bon parti de leur bagage littéraire ou scientifique, et il paraît qu'elles sont nombreuses ; mais les grades universitaires n'ont été conquis que par 847 étudiantes ; sur ce nombre il y a 500 professeurs et institutrices, vingt et quelques missionnaires, une douzaine de médecins, à peu près autant de journalistes. Cent d'entre elles se sont tenues à la vie de famille.

Je n'eus pas l'occasion de voir le collège de Vassar qui est, si je ne me trompe, le plus ancien de tous, ni celui de Smith, fondé dix ans plus tard, vers la même époque que Wellesley, et presque aussi nombreux que celui-ci. Parmi les établissements de date récente, le collège de Baltimore, ouvert en 1888 sous le patronage de l'église méthodiste épiscopale, m'a paru appelé au plus grand succès. La charmante capitale du Maryland, où il est situé, offre tant d'avantages : un climat très doux, une société cultivée, le voisinage d'une université, de nombreuses bibliothèques, des galeries d'art comme celle de M. Walters qui, livrée au public à certaines dates, réunit en grand nombre les plus beaux échantillons de l'école moderne française, le conservatoire de musique enfin, que l'on doit avec tant d'autres dons à la munificence de M. Peabody.

La construction du collège de femmes atteste aussi cette générosité individuelle dont on rencontre partout le témoignage en Amérique.

C'est le Révérend John Goucher qui fit élever l'imposant hall de style roman où les laboratoires occupent tout un étage, tandis que le reste est dédié aux classes, aux salles d'assemblée, aux collections minéralogiques, botaniques, paléontologiques, etc. C'est M. B.-F. Bennett qui, en mémoire de sa femme, y ajouta le bâtiment massif de même style qui, consacré au développement physique, renferme la piscine de natation et un gymnase d'après les méthodes suédoises, lesquelles sont en train de détrôner presque partout en Amérique les méthodes allemandes : les professeurs qui surveillent les exercices appartiennent à l'Institut Royal de Stockholm, et les fameuses machines Zander sont employées pour corriger par le mouvement tout ce qui est chez l'élève difformité ou faiblesse. Chaque année on mesure le progrès obtenu en ce qui concerne la capacité des poumons et, la force des muscles.

Deux corps de logis séparés offrent aux pensionnaires une installation pour ainsi dire familiale. Je remarque, en les visitant, que les salles à manger sont, ainsi que les cuisines, placées aux étages supérieurs pour éviter toute odeur ; le mouvement perpétuel de l'ascenseur empoche que cette disposition offre aucun inconvénient. Les jeunes filles mangent par petites tables de huit. Je cause avec plusieurs d'entre elles, jolies comme toutes les Baltimoriennes ont la réputation de l'être, et d'une vivacité, d'une grâce décidément méridionales. Pas ombre en elles de ce pédantisme un peu hautain que j'ai quelquefois remarqué au Nord. Elles savent aussi mieux tourner un compliment : j'aborde ici le Sud, je sens déjà les affinités qui existent entre cette partie de l'Amérique et la France.

Cependant, malgré les influences religieuses qui ont présidé à la fondation du collège, la liberté personnelle est à peu près aussi grande qu'ailleurs : seulement il y a défense d'aller au théâtre ou au bal, de boire du vin, de jouer aux cartes, mais tous les mois ces demoiselles donnent une soirée sous la direction de la dame chargée des soins de leur ménage, et chacune d'elles a le droit d'inviter un ou plusieurs amis. Le logement et la nourriture coûtent deux cents dollars par an ; l'instruction, cent dollars, non compris les arts d'agrément, plus dix dollars pour l'usage des instruments de laboratoire. Il va sans dire que seul un collège très richement doté peut donner autant à d'aussi modestes conditions. La belle église méthodiste épiscopale de Baltimore sert de chapelle aux étudiantes, une communication étant établie entre elle et Goucher Hall ; le campanile de cette copie plus ou moins fidèle de San Vitale, s'ajoutant à tous ces bâtiments d'architecture lombarde en granit brut, avec toits de tuile rouge, est vraiment d'un bel aspect, solide et sévère. Une école préparatoire, dite école de latin, prospère auprès du collège, sous la même règle.

C'est aussi à Baltimore que se trouve l'excellente école préparatoire de Bryn Mawr qui reçoit des élèves à partir de huit ou neuf ans et les conduit au seuil même du collège. J'y arrive un peu avant que ne commence une conférence sur l'hygiène, et j'admire comme la pratique se joint à la théorie. Ces jeunes externes ont leur piscine de natation ; elles prennent des leçons d'escrime et tirent de l'arc. Leurs vacances sont plus longues que chez nous. Aussi me frappent-elles par un air de santé que dans l'avenir un excès d'activité cérébrale ou mondaine fera perdre à quelques-unes. Elles me paraissent en outre, je dois le dire, moins disciplinées que ne le sont les écolières européennes du même âge. Les voyageurs anglais en Amérique ont toujours noté la fatigante exubérance des enfants, habitués à compter comme d'importants personnages ; cette remarque prouve que les enfants anglais sont timides et rigoureusement tenus, mais il est certain que l'inévitable individualisme n'attend pas le nombre des années pour s'affirmer chez le petit Américain, chez la petite Américaine surtout. Revenons aux universités vers lesquelles se dirigera impétueusement cette nouvelle génération.

Il y a aujourd'hui sur toute l'étendue des États-Unis (le Sud a depuis le triomphe de l'Union pris une grande part au mouvement éducationnel), 179 collèges de femmes, dans le sens que lu langue anglaise donne à ce mot qui n'a rien de commun avec le nom de nos établissements d'instruction secondaire, — 179 collèges où se confèrent des grades. Ces collèges comptent 24854 étudiantes et 2299 professeurs, dont 577 hommes et 1648 femmes. La prédominance des femmes n'abaisse pas le niveau, si j'en crois les meilleurs juges. Ils sont d'avis que souvent dans l'enseignement féminin il y a plus de méthode, ce qui supplée à la force d'improvisation, à l'espèce de génie personnel qui assure la supériorité du professeur homme. Du reste aucun esprit de rivalité malveillante n'existe jusqu'ici entre les professeurs des deux sexes, ce qui s'explique d'un mot : la voie n'est pas encombrée ; le chiffre total ci-dessus l'atteste. Bon nombre de professeurs de collège sont obligés d'ajouter à leur besogne, écrasante déjà, le soin des cours préparatoires, et la foule des aspirantes aux hautes études augmente toujours.

Cet assaut passionné donné à l'arbre de science pénètre d'humiliation les Françaises quand il leur arrive d'en être témoins. Combien d'entre nous sauraient ce qu'il faut pour se présenter au collège ? Tout au plus nous rattrapons-nous sur l'histoire : les Américaines, et aussi beaucoup d'Américains, m'ont paru la connaître fort mal, pour peu qu'on sorte de l'histoire de leur pays et de l'histoire d'Angleterre, qui s'y rattache directement. Que notre amour-propre cependant se rassure : je suis disposée à croire que la conscience même du peu que nous savons est à sa manière une espèce de supériorité. Un professeur distingué, causant avec moi de ces questions, me l'a fait entendre : « Oui, l'éducation de nos femmes embrasse beaucoup plus de matières que la vôtre, elle n'en embrasse que trop ; c'est une grande esquisse sans ombres ni détails. Elles sont certes plus fortes en mathématiques, là-dessus il n'y a pas de discussion, et elles apprennent les langues mortes ; mais je doute que dans la majorité des cas elles en tirent grand profit, sauf pour réussir aux examens. Ici nous devons nous mettre, hélas ! à la portée d'une certaine médiocrité sûre d'elle-même qui croit qu'il n'y a rien au-delà de ce qu'elle peut comprendre. Une Américaine sans prétentions arrogantes est la première d'entre les femmes, mais il faut aujourd'hui les passer au crible pour en trouver qui ne prétendent pas à tout. »

Il est très rare, je le reconnais, qu'un Américain s'exprime aussi franchement sur le compte de ses savantes compatriotes. Tout au plus quelques-uns diront-ils, en parlant de cette rage de culture : « C'est un moment de transition parfois défavorable à la vie de famille ; mais qui sait si, après les tâtonnements inévitables, nous n'en profiterons pas ? Qui sait s'il ne sortira pas de là une femme plus parfaite que celle du passé ?

On ne devine jamais au juste ce qui se cache derrière le demi-sourire humoristique d'un

Américain ; ces mots que j'ai aussi retenus semblaient impliquer cependant un regret et une menace :

— Tout marche très vite pour les femmes. Il y a quinze ans, le collège, en ce qui les concerne, était attaqué comme l'est aujourd'hui leur droit au suffrage. Eh bien, il fonctionne après tout à merveille. Espérons seulement qu'elles n'iront pas trop loin, dans leur intérêt même ; peut-être finiraient-elles par être si fortes et si bien armées que nous n'aurions plus de raisons pour nous montrer envers elles chevaleresques, puisque votre politesse française nous décerne cette épithète flatteuse. Et le jour où nous cesserons de les protéger, elles s'apercevront sans aucun doute que, tout en ayant obtenu grades universitaires et droits politiques, elles sont plus embarrassées qu'auparavant. »

Ce sont là des demi-critiques bien anodines, mais je ne nommerais pour rien au monde ceux de la bouche de qui elles sont tombées, ne voulant pas que ces imprudents soient déchirés par les Ménades. C'est de l'Amérique qu'on peut dire avec vérité : « Il est défendu d'y frapper la femme, même avec une fleur. » Quand à deux ou trois reprises j'ai osé exprimer mon étonnement au sujet de la liberté qui règne dans les collèges, les hommes sans exception m'ont toujours répondu sèchement qu'à l'âge qu'elles ont atteint, seize ou dix-sept ans tout au moins, avant d'aborder la vie universitaire, elles doivent savoir se conduire.

Sur le péril des intimités de femmes nouées pendant quatre années de contact assidu et parfois continuées toute la vie, si étroites que rien ne ressemble davantage à la parfaite intelligence d'un bon ménage, je n'ai jamais été comprise. La surveillance, les restrictions que les couvents ou pensions de notre vieux monde jugent nécessaires seraient, dans les collèges du nouveau, une insulte gratuite. La tenue irréprochable qui distingue l'étudiante en classe, elle la conserve dans tous les détails de sa vie ; douter de cela serait douter des bienfaits de tout le système d'éducation qui régit l'Amérique et qui est fondé sur le respect de soi-même. En aucun pays il n'y a plus d'esprit de corps entre les femmes ; en aucun pays les amitiés particulières ne sont plus nobles et plus dévouées. On me le dit et je le crois, j'en ai eu maintes fois la preuve ; il serait certes à désirer que la même solidarité existât entre Françaises à tous les rangs de la société. Mais la médaille a son revers, et il est impossible de ne pas s'en apercevoir quelquefois.

II. La coéducation. Galesburg

Nous avons encore à faire connaissance avec les collèges où règne le système de la co-éducation, bien plus étrange à nos yeux que tout le reste. C'est dans l'Ouest presque exclusivement qu'il faut aller les chercher. Un homme très haut placé dans l'Instruction publique m'a parlé avec éloge des résultats qu'obtient du commencement à la fin des études cette co-éducation qui a été récemment en France, où, bien entendu, il serait impossible de l'établir sans un complet remaniement des usages et des mœurs, l'objet de tant de débats passionnés. M. W. T. Harris, *commissions of education* à Washington, — il me permettra de le nommer, — croit que le fait de vivre ensemble depuis l'âge le plus tendre, au Kindergarten et à l'école primaire, empêche les garçons et les filles d'être aussi sensibles à l'attrait du sexe. Il a remarqué que l'émulation établie entre eux habitue les jeunes filles, qui très souvent marchent en avant, à faire peu de cas des imbéciles, fussent-ils bien tournés. De plus, elles peuvent avoir au collège des frères qui les protègent, et ce sont tout de bon des sentiments fraternels qu'éprouvent pour elles la plupart de leurs camarades, cette camaraderie ayant toujours existé, les transformations de l'âge étant venues pour eux insensiblement. Détail important, M. Harris m'affirma que, si quelques incartades de conduite avaient pu être relevées accidentellement dans les écoles de filles, elles étaient sans exemple dans les écoles mixtes : les premières permettent apparemment beaucoup plus d'abandon ; les secondes imposent du côté féminin une réserve qui n'a d'égale que la timidité respectueuse de l'autre sexe, habitué comme il ne l'est pas ailleurs à compter avec la valeur intellectuelle de la femme. Sur ces questions il m'est impossible d'avoir une opinion personnelle ; j'ai constaté seulement que dans les grandes villes de l'Est on partageait jusqu'à un certain point nos préventions européennes. A Chicago, je n'ai guère vu que l'extérieur de la somptueuse Université fondée sous l'impulsion de l'Eglise baptiste, et elle m'a paru trop neuve pour être encore tout à fait vénérable, si excellemment équipée qu'elle soit par tous les moyens que procure l'argent. Peut-être le récit d'une semaine ou deux passées dans un collège de la Prairie, celui de Galesburg, fera-t-il mieux comprendre à mes lecteurs ce que peut être, sous sa forme la plus intéressante, la co-éducation. La physionomie du collège est inséparable dans ma mémoire de celle de la petite ville et de ses habitants. Je transcrirai donc ici quelques fragments du journal que je remplissais alors chaque soir.

Cinq heures de voyage environ de Chicago à Galesburg. — Je suis reçue dans la maison d'un des professeurs du collège, qui, comme tous les Américains, est fidèle au principe « Les amis de nos amis sont nos amis. » Riches ou pauvres, ils vous offrent, sous ce prétexte, de partager leur vie de famille aussi facilement que nous invitons à dîner.

Simple maison de bois : elle est posée presque à l'extrémité de la ville. La barrière qui l'entoure donne sur la rue qui conduit au collège, une route plantée d'érables avec des trottoirs en planches, des deux côtés. Trois ou quatre pièces au rez-de-chaussée, autant au premier étage un peu mansardé, rien de plus ; mais cet intérieur modeste suggère au premier aspect des idées d'ordre, de minutieuse propreté, de studieux recueillement. Sur les parois de la salle à manger se détache l'Oraison dominicale en caractères ornés. Le cabinet de travail est garni de livres, qui débordent par toute la maison. Dans le petit parloir point de glaces, des meubles très simples, des photographies de famille, de bonnes gravures, des fleurs, — une dignité singulière partout répandue. C'est là le cadre d'une des figures les plus énergiques et les plus nobles que j'aie vues, celle d'un vieillard robuste comme un jeune homme, d'un savant désintéressé, dont la carrière laborieusement remplie a été consacrée d'un bout à l'autre, malgré ce que pouvait lui conseiller l'ambition, au même collège ; il en est un des piliers pour ainsi dire. Auprès de lui, sa femme, délicate et timide, dont le visage porte encore les traces d'une de ces beautés éthérées comme on en rencontre, finement gravées, dans les « livres de beauté » anglais. A la façon dont la maison est menée, avec l'aide d'une seule petite négresse, je vois qu'il existe des ménagères dans l'Ouest. Le professeur tient aux idées d'autrefois : nulle part, autant que dans cet intérieur, je n'ai rencontré, telle que je me l'imaginais, la famille puritaine. Le mari, le père, est encore maître ici, et maître tyrannique ; la femme plie avec une grâce et une douceur qui ne sont pas spécialement américaines ; la jeune fille est respectueuse et réservée. Elle a pourtant beaucoup de culture, attestée par ses brevets, enseigne elle-même au collège, et a entrepris avec des amies ce que ses parents n'ont jamais fait pour leur part, un voyage en Europe, après lequel sa vie de retraite et de travail ne lui a pas paru plus dure. Tout se fabrique à la maison ; il va sans dire qu'elle et sa mère y mettent la main. Table abondante et simple ; tempérance non pas seulement prêchée, mais pratiquée à la lettre sous le rapport des boissons fermentées. Le père bénit à voix haute chaque repas.

La fondation de Knox-College à Galesburg, telle qu'on me la raconte, présente des traits uniques. Une troupe de pionniers patriotes et chrétiens en posèrent les bases. Leur but déclaré fut de créer un collège qui fournirait des recrues bien préparées au ministère évangélique et qui ferait des femmes les dignes éducatrices de la génération future. Le 7 janvier 183G, un meeting eut lieu à Whitesboro (Etat de New York) ; on y vota une somme de 20 000 dollars, qui payèrent 15 000 acres de terre dont la vente représenta la première donation faite au collège, et au printemps de cette même année les colons, conduits par le Révérend George Gale, promoteur du projet et chef de la colonie à laquelle il donna son nom, se dirigea vers la Prairie. A l'automne, trente familles, composant un noyau homogène sorti des Pères pèlerins d'autrefois, s'étaient déjà construit de rudes cabanes sur l'emplacement de ce qui devait devenir la ville. En 1837, une charte fut obtenue pour l'établissement du collège, et à la fin de 1838 ce collège s'ouvrit avec une quarantaine d'étudiants. Il y en a 600 aujourd'hui. Les bâtiments actuels ne furent achevés qu'en 1837, et la même année vit s'élever un séminaire où logent les jeunes filles. Depuis, un gymnase et un observatoire ont été créés et en 1800, la pierre angulaire de l'édifice qu'on appelle Alumni-Hall fut posée par le président Harrison avec des paroles qui restent dans toutes les mémoires : « Nous renouvelons la dédicace de cette institution, consacrée déjà à la vérité, à la pureté, à la loyauté et à l'amour de Dieu. » — Le collège a eu des bienfaiteurs intelligents et zélés ; l'un d'eux, M. Hitchcock, fit don au collège de toute la partie de la fortune qu'il laissait dont sa veuve n'aurait pas besoin, et Mrs Hitchcock, par une générosité égale, renonça aux avantages que lui eût accordés la loi pour que les intentions de son mari fussent remplies : elle est venue habiter un cottage à Galesburg.

Visite matinale à l'Alumni-Hall. — Le bâtiment, de style roman mitigé, brique et grès rouge, a fort belle apparence. Près de mille personnes peuvent tenir dans son auditorium, qui chaque jour sert de chapelle. Une prière en commun réunit tout le collège. et à tour de rôle les professeurs lisent la Bible, puis font une courte instruction. J'entends le professeur de littérature anglaise parler sur « la comparaison » à propos de la paille et de la poutre de l'Evangile. Cette habitude n'existe pas dans les Universités de l'Etat ; elle me paraît contribuer pour une bonne part à l'atmosphère morale de Galesburg.

Nous visitons la ville, tout à fait charmante avec ses avenues ombreuses et ses verdoyants boulevards. Elle couvre une vaste étendue, les arbres, les jardins y tenant beaucoup de place. Des arbres verts entourent les bâtiments principaux. Il y a quelques rues commerçantes, mais elles sont d'une activité tranquille, comme il convient à une ville pour qui le trafic est chose secondaire, qui ne s'est jamais souciée que de religion et de science. Le quartier élégant est rempli de très jolies maisons bourgeoises, la plupart en bois peint, mais, affectant tous les styles ; des marges de gazon les encadrent : on les dirait dispersées sur une pelouse. La ville entière est scrupuleusement propre, avec ces *sidewalks*, fort laids d'ailleurs, qui partout en Amérique, sur les routes, dans les parcs publics, autour des maisons permettent d'éviter la poussière ou la boue, selon la saison. Quelques rues ont un pavage en brique perfectionné. Les intérieurs, entrevus derrière les bow-Windows garnis de fleurs, sont d'une agréable intimité. Nous atteignons un faubourg formé de maisonnettes peintes en couleurs claires, bien vernies, semblables à des jouets tout neufs : c'est le quartier suédois. Ces bravos gens forment une partie assez importante de la population et s'enrichissent vite par leur industrie.

Vaste terrain de manœuvres pour les trois compagnies que commande un officier de l'armée des Etats-Unis délégué comme professeur de science et de tactique militaire. Le service est obligatoire, chaque étudiant étant tenu de se procurer un uniforme.

Eglises nombreuses, qui représentent toutes les sectes protestantes, et aussi, à l'état de minime fraction, le culte catholique. Ce sont les efforts et les sacrifices des deux églises congrégationaliste et presbytérienne qui ont fondé le collège : leur influence domine donc dans son conseil d'administration, mais sans aucune étroitesse. Un véritable esprit chrétien est seul exigé comme base fondamentale et indispensable de l'éducation à Knox ; les étudiants doivent fréquenter le dimanche leurs églises respectives.

J'assiste à la classe de latin, faite par une jeune fille au visage expressif et résolu, qui paraît exercer sur ses élèves un grand ascendant : il y a autour d'elle à peu près autant de garçons que de filles. Quoique aucun règlement ne l'exige, les deux sexes se séparent et occupent chacun l'un des côtés de la chambre : les filles sont généralement plus avancées ; elles sourient avec un peu de malice à chaque bévue des garçons, qui eux non plus ne paraissent pas fâchés de les prendre en faute ; aucune coquetterie d'un côté, aucune galanterie de l'autre. Je remarque le teint hâlé, la mine rustique de plusieurs des étudiants, des hommes faits ; leurs bonnes figures expriment à la fois l'énergie et la candeur ; on m'apprend qu'ils viennent de parties reculées de l'Ouest et qu'avant d'entrer au collège ils ont gagné l'argent nécessaire en travaillant de leurs mains. Le directeur d'un important *magazine* ne disait-il pas un jour, en voyageant avec moi : — « Toute cette campagne, je l'ai parcourue autrefois à pied, un ballot de marchandises sur l'épaule pendant les vacances, et cela des années de suite, pour payer mon collège. On m'appelait l'honnête petit colporteur ». — Et je voyais que cette épithète resterait toujours parmi celles qui l'avaient le plus flatté, quoiqu'il eût atteint depuis à de grands succès. Nombre d'élèves à Knox-College sont de la même étoffe solide ; il arrive que ces retardataires donnent par la suite des talents supérieurs et vraiment personnels. On m'en montre plusieurs qui, durant l'exposition de Chicago, ont sans aucune mauvaise honte employé les deux mois et demi dont ils pouvaient disposer à servir dans les restaurants de la foire et à pousser les petites voitures. Maintenant les voici plongés dans l'Énéide. *L'influence bienveillante et gaie des jeunes filles sur cette catégorie de campagnards est des plus heureuses. Le coup de fouet de l'émulation les excite ; ils ont honte de se laisser distancer par leurs frôles camarades, et en outre la bonté féminine les polit presque à leur insu.*

Si le professeur qui fait avec une verve et une clarté remarquables la leçon de chimie n'interrogeait de préférence devant moi les étudiantes pour montrer ce qu'elles savent à une étrangère (très incapable d'en juger), je crois que les garçons reprendraient peut-être ici l'avantage. Mais nous avons sur ce chapitre des opinions préconçues auxquelles les aptitudes des Américaines pour les sciences donnent tort apparemment.

… Invitée dans plusieurs maisons de la ville, où je trouve la meilleure compagnie, des femmes simples et instruites à la fois, causant de tout, interrogeant avec intelligence. Evidemment le contact du collège est un stimulant perpétuel, et la société des professeurs une précieuse ressource. Quelques-unes ont voyagé, mais elles ne sont pas possédées par le besoin fiévreux de déplacement que j'ai remarqué ailleurs ; aucune trace de prétention, non plus, — ce qui repose. La diversité des dénominations de croyances dans cette petite ville si religieuse en bloc est curieuse. Un certain lunch me réunit à une demi-douzaine de dames fort liées entre elles, bien qu'appartenant à des églises différentes. J'ai en face de moi une baptiste, et à mes côtés une aimable universaliste, dont la religion me plaît, puisqu'elle lui permet d'être sure de mon salut éternel comme du sien. Les universalistes ne damnent personne.

Je continue à suivre les cours faits au collège par des femmes. Elles n'occupent que le rang secondaire d'*instructors* ; Knox-College maintient la suprématie de ses professeurs avec un soin jaloux, se piquant de posséder un corps enseignant tel qu'on en trouverait difficilement l'égal dans tout l'Ouest.

Les leçons de français m'attirent. En ce moment les élèves lisent, traduisent et expliquent le théâtre de Victor Hugo. Ils en sont à *Hernani*, et rien n'est plus drôle que l'accent donné à ces grands vers impétueux, à ces noms espagnols écorchés. Mais ils comprennent, ils comprennent même assez, je crois, pour trouver le caractère de Hernani celui d'un fou. Je leur procure une satisfaction réelle en leur disant que même en France ses sentiments paraissent un peu exagérés. Il y a là, parmi ceux que met évidemment sur le gril la scène épineuse des portraits, quelques-uns de ces beaux garçons hâlés, naïfs et solides dont j'ai déjà parlé, de jeunes géants venus de fermes lointaines et qui ont quitté la charrue pour les livres. L'un d'eux m'aborde avec hésitation et me demande d'un ton de curiosité passionnée s'il est vrai que l'admiration baisse en France pour un aussi grand homme que Napoléon. Enhardi par ma réponse, il m'exprime ensuite sa conviction, partagée par beaucoup d'autres, qu'un soldat obscur a été fusillé à la place du maréchal Ney, et que celui-ci a pu se réfugier en Amérique. Les questions des jeunes filles roulent sur des sujets beaucoup plus personnels : ce qu'elles veulent savoir, c'est si l'instruction des femmes en France fait quelques progrès ; si nous sommes toujours enfermées dans des couvents ; si vraiment la co-éducation n'existe pas chez nous !

Une très gracieuse personne professe, avec l'élocution, le système Delsarte, qui développe de beaux gestes et de belles attitudes prises facilement par les demoiselles, imitées avec une attention et une lourdeur tout à fait amusantes à observer par les garçons.

Je tombe un matin dans la classe qui rassemble cinq ou six hommes devant la chaire d'une jeune fille. Il est question d'histoire contemporaine et politique, de la constitution des Etats-Unis. Elle paraît très gentiment embarrassée de sa tâche et dirige la conversation pour ainsi dire avec le tact d'une maîtresse de maison intelligente, encourageant la discussion de sujets sérieux plus encore qu'elle ne s'y mêle.

Souper au séminaire. Les étudiantes qui ne sont pas de la ville y résident en foule. Autour de la table se trouvent des professeurs, hommes et femmes, plus quelques dames invitées. La salle à manger où nous sommes communique avec une autre beaucoup plus grande où les pensionnaires ont pris place par groupes de six ou huit à de petites tables séparées. La principale préside ; un petit nombre d'étudiants viennent du dehors prendre leur repas avec les jeunes filles. Après souper, dans le beau grand salon, toutes les élèves du séminaire me sont présentées les unes après les autres. C'est un long défilé de types très variés, souvent fort agréables à voir : elles arrivent de tous les coins des Etats-Unis, du Kansas, du Colorado, de la Californie, du Texas, que sais-je ? On me dit, en même temps que leurs noms, leur pays d'origine : plusieurs viennent d'Utah, de la cité du Lac-Salé ; je tressaille, me croyant devant des Mormonnes, et elles de rire, m'expliquant que leurs parents sont « Gentils ». Du reste les Mormons ont depuis peu renoncé à la polygamie, qui leur créait de trop gros embarras. La soirée se termine par un concert : orchestre bien dirigé. On joue en mon honneur des morceaux de *Carmen*.

Je suis engagée à passer l'après-midi dans une grande ferme des environs. Le nom de ferme est donné en Amérique à toutes les propriétés rurales. Par surcroît d'hospitalité le fermier propriétaire vient me chercher lui-même dans son buggy. Emportés par deux excellents chevaux, nous roulons à travers la Prairie, en respirant à pleins poumons un air doux et comme velouté qui, avant les bises hivernales, accompagne la saison exquise si bien nommée été indien.

Le paysage dans sa monotonie est nouveau pour moi, qui n'ai jamais vu de steppes : c'est l'immense Prairie, roulant de petites vagues courtes et coupée seulement par des *fences*, barrières tantôt droites et tantôt en zigzags qui, dans toute l'Amérique, séparent les champs et retiennent les troupeaux. Leur coloration argentée, celle que prend le sapin en vieillissant, s'harmonise bien avec le ton brunâtre du sol. La récolte du maïs est faite ; il n'en reste que les tiges et les longues feuilles réunies en meules pour le bétail. A la place qu'occupaient çà et là des bois abattus pourrissent en longs alignements bizarres les souches, qu'on ne prend pas la peine de déraciner. C'est aussi l'un des traits généraux du paysage américain, ces chicots qui hérissent rudement la plaine nouvellement défrichée. La ferme vers laquelle nous nous dirigeons est située au milieu de 3 000 acres de culture et de prairie. Nous nous arrêtons devant une maison de bois, bâtie sur le plan habituel, avec le *stoop*, le perron mobile qui y accède et les indispensables *sidewalks*.

La maîtresse de céans vient à notre rencontre. Rien dans son accueil ne trahit l'ombre de cérémonie provinciale. Elle nous introduit dans un salon meublé de crin noir, et l'entretien s'engage tout de suite sur des sujets intéressants. Nous sommes avertis que deux jours plus tôt la ferme nous aurait offert un spectacle curieux : des conducteurs de bestiaux, venus du pays des Mormons, s'y étaient arrêtés avec 80 000 moutons qu'ils conduisaient au marché de Chicago. Cette troupe bêlante assiégeait la maison avec un bruit d'émeute. Aujourd'hui nous ne rencontrerons que les élèves de l'endroit, chevaux et vaches, clairsemés sur l'énorme étendue.

Vers une heure, le dîner est servi ; un dîner purement américain : soupe aux huîtres conservées, viandes rôties, fricassée de grains de maïs, céleri cru, gâteau de rhubarbe, raisin du terroir, qui a goût de cassis, noix d'*hickory*, thé ou café en guise de boisson. Deux jeunes filles servent à table ; elles me sont présentées comme les enfants de la maison. Il faut bien qu'elles se prêtent aux travaux du ménage pendant une de ces crises domestiques si fréquentes dans l'Ouest et un peu partout. Le refus que font les employés irlandais et suédois de manger à la même table que les nègres complique encore les difficultés. Force est donc de s'aider soi-même. La besogne matérielle dont s'acquittent ces demoiselles ne les empêche pas du reste d'aller tous les jours à l'école en ville ; elles conduisent elles-mêmes leur petite voiture. Je découvre, tout en causant, que la vie d'une femme d'agriculteur est passablement sévère en Amérique, où les exploitations rurales sont à de grandes distances les unes des autres et se font sur une si vaste échelle qu'il n'y a pas de menus détails à surveiller.

Aucune distraction, aucun voisinage. Mais l'hiver, à Galesburg, la fermière trouve des dédommagements : elle fait partie d'un club littéraire ; toutes les dames y sont enrôlées ; par conséquent on a la ressource de faire l'été beaucoup de lectures qui se rapportent aux sujets proposés pour les séances à venir. Je m'informe de ces sujets, on m'en cite quelques-uns : troubadours et trouvères (les langues romanes sont en grand honneur aux États-Unis, et bien des gens qui ne parlent pas couramment le français s'extasient sur notre vieille littérature provençale) ; influence des salons au xvii0 siècle ; les femmes françaises dans la politique ; origine de l'art grec, etc. Croirait-on à un pareil intérêt porté aux choses du vieux monde dans un village de la Prairie, car une ville de 18 000 âmes n'est guère qu'un village aux Etats-Unis ? mais ce village-là très certainement a une âme supérieure en qualité à celle de beaucoup de grandes villes.

L'un des convives raconte qu'il est allé dernièrement visiter le territoire indien qui s'étend entre le Missouri et le Texas. Là le gouvernement ayant acheté des terres aux Indiens, les concède à qui les atteindra le premier. Il s'ensuit que des pays environnants arrive une trombe de chevaux lancés à toute vitesse par leurs cavaliers. Le narrateur nous montre des photographies instantanées qui donnent l'idée de la course, favorisée par un paysage plat, et de la victoire remportée bride abattue. On voit aussi le vainqueur se reposer, assis par terre, dans la récente jouissance de son bien, propriétaire pour la première fois de sa vie, d'ailleurs à moitié mort de faim et de fatigue ; puis.la ville en formation : des tentes éparses ; le commerce qui commence à poindre, représenté par un magasin en planches. Pour rencontrer ces mœurs-là, il n'est pas après tout nécessaire d'aller extrêmement loin de l'Illinois, où nous sommes. Jadis, ici même, on a trouvé des sépultures indiennes, squelettes reposant dans les plus hautes branches des arbres. Une discussion s'élève sur les Indiens, que quelques-uns jugent perfectibles dans les arts de la civilisation, notamment dans l'agriculture, tandis que d'autres les déclarent capables de tout, sauf de travailler. Les travailleurs occupés sur la propriété sont tous Suédois, honnêtes et laborieux par conséquent. Je vois leurs maisonnettes éparpillées sous bois et dans la plaine. Ils fauchent, moissonnent, battent le grain, avec l'aide des engins les plus perfectionnés ; rien de pittoresque dans tout cela. Le teint bruni du maître atteste qu'il les surveille de près et que sa propre tâche est rude. Il se moque gaîment des phrases toutes faites sur les délices de la vie rurale et de tout ce que le prétendu bonheur de l'homme des champs a pu inspirer de suave aux poètes antiques et modernes : « Virgile n'était pas venu en Amérique, » dit-il pour conclure.

Ces dames parlent de Paris, où les deux fraîches Hébés qui à table nous versaient du thé, iront achever leur éducation ; je n'ose leur dire qu'elles y trouveront difficilement autant de ressources qu'à Galesburg. On ne nous propose pas le tour du propriétaire, inévitable en Europe. Les campagnes de l'Ouest n'en sont pas encore aux allées arrangées pour la promenade. On marche par nécessité sur des routes qui mènent à un but pratique : nos petits sentiers herbus, qui demandent à être foulés par de longues générations de gens que rien ne presse, viendront plus tard.

Vers l'heure où le soleil se couche, je remonte dans le buggy du haut duquel j'assiste à un de ces couchers de soleil qui incendient superbement le ciel au-dessus de la prairie sans limites. La plus jeune fille de nos hôtes, une belle enfant de neuf ans, saute à cheval, sans se soucier de sa robe courte, sans même prendre un chapeau, et nous accompagne jusqu'au tournant de la route, où elle s'arrête. Longtemps je regarde de loin la figure de la petite amazone aux cheveux flottants se détacher en noir sur le fond de pourpre, et j'éprouve ce sentiment triste et doux qui m'est revenu plus d'une fois pendant mon long voyage rempli de nouveaux visages et de sites nouveaux, le sentiment de rompre un lien à peine formé, de quitter trop vite des gens ou des choses que j'étais bien près d'aimer, que je ne reverrai plus.

Autre promenade jusqu'à Knoxville dans un paysage plus beau, l'immense mer de la prairie étant plus *rolling*, plus houleuse. On me fait remarquer que partout où existent des bois un *creek* coule sous le feuillage qui accompagne et révèle ses sinuosités. En cette saison d'automne les *creeks* sont de simples ruisseaux, mais l'hiver ils débordent jusque sur les routes. Quelquefois l'éternelle *fence* est remplacée par des haies où l'orange osage se suspend pareille à un gros peloton de laine verte qui jaunira bientôt. Entre les bouquets de chênes et d'érables apparaît de temps en temps une maison de bois peint, une ferme, puis on franchit de longs espaces sans voir autre chose qu'une grange isolée au bord du chemin, ou encore une espèce de grande cabane toute seule aussi derrière sa palissade. J'en reverrai de semblables partout de deux milles en deux milles. C'est une école soutenue par les fermiers du voisinage qui, loin des villes, n'ont que ce moyen de faire instruire leurs enfants.

Knoxville, petite ville morte, quoiqu'elle ne soit pas vieille de beaucoup plus d'un demi-siècle, s'obstine à garder l'air important avec les deux ou trois édifices prétentieux, à frontons triangulaires, qui décorent sa place principale. L'un d'eux logea naguère le tribunal transporté depuis à Galesburg. La lutte fut vive entre les deux villes et les habitants de Galesburg vous diront pourquoi elle s'est terminée à leur avantage : Knoxville était peuplée à l'origine de gens du Sud, tandis que sa rivale a été fondée par des puritains du Nord ; ce fut, à les en croire, le triomphe inévitable de toutes les qualités qui recommandent une forte race. Le fait d'être située sur la ligne principale des deux plus grands chemins de fer de l'Ouest, le Burlington et le Santa Fé, qui permettent d'y arriver de toutes les parties du pays, ne nuit peut-être par non plus à Galesburg. Quoi qu'il en soit, Knoxville sommeille à l'ombre de ses grands arbres, blanche et nette, avec de larges rues plantées et une magnifique école de garçons fondée par l'église épiscopale. Sous le même patronage s'est élevé à peu de distance, dans la campagne, un non moins monumental Institut de jeunes filles. Sainte-Mary, c'est son nom, me ferait penser à un couvent d'Europe, si le hasard ne m'y amenait à l'heure de la récréation qui suit le goûter. Toutes les pensionnaires sont sur la route, à pied ou en voiture, conduisant elles-mêmes, croquant des pommes, toutes très gaies, très élégantes et beaucoup plus mondaines assurément que ne le sont les élèves du collège mixte. Non loin de là se dresse une maison des pauvres qui a plutôt l'aspect d'un bel hôtel que d'un asile de mendicité. Tous les âges s'y trouvent réunis, et des concessions vraiment humaines sont faites à la vie de famille, puisqu'on me parle d'une veuve qui vient d'y être admise avec ses trois jeunes enfants.

Nous traversons la voie ferrée dont, selon l'usage, aucune barrière ne défend l'accès à qui veut se faire écraser, et nous rentrons à Galesburg par des chemins charmants qui longent les bois. Un buggy croise le nôtre portant un jeune homme et une jeune fille. Je demande au professeur qui me conduit si ce sont des fiancés.

— Ils pourront le devenir, me répond-il, mais pas nécessairement.

Et je vois que cet homme austère comprend, approuve qu'il en soit ainsi. Sur ce point il est de l'avis de tous les pères de famille que j'ai rencontrés à New-York et ailleurs, trouvant tout simple que leur fille monte à cheval, ville et vienne accompagnée par un ami. Je ne sais pourtant si sa tolérance égalerait celle de beaucoup d'autres au cas où dans sa propre famille on s'aviserait de passer de la théorie à la pratique.

Intéressante découverte : les amis qui m'accordent une hospitalité si cordiale descendent de Barbara Heck, la mère du méthodisme dans le Nouveau Monde ; j'apprends en même temps comment l'établissement de cette secte en Amérique se rattacha aux conquêtes de Louis XIV. Les Allemands chassés du Palatinat étaient allés chercher protection sous le drapeau anglais, auprès des lignes de Marlborough, et des concessions de terrain leur avaient été accordées en Irlande ; c'étaient par excellence d'honnêtes gens, très portés aux idées religieuses. La doctrine wesleyenne du témoignage de l'esprit tomba dans leurs âmes bien préparées à la recevoir ; ils s'embarquèrent en 1760 à Limerick, non pas pour fuir la pauvreté, mais pour aller à la recherche d'une terre promise, selon les paroles de la Bible que ceux qui « naviguent sur les grandes eaux voient dans leurs profondeurs l'œuvre de Dieu et ses merveilles. » Parmi eux était une jeune femme tout récemment mariée qui fut leur guide et leur soutien à travers les vicissitudes de l'exil. Débarqués à New York, ils y perdirent peu à peu leur première ferveur. Barbara leur fit honte de ce relâchement ; appuyée sur sa vieille Bible allemande, elle osait tout. La passion du jeu par exemple ayant gagné la petite colonie, elle entra dans le tripot, s'empara des cartes, les brûla sur-le-champ et convertit les joueurs. L'ascendant qu'elle exerçait sur son peuple était celui d'une nouvelle Déborah. Les méthodistes n'avaient point d'église, elle résolut d'en fonder une. Le service s'organisa grâce à elle, dans la maison d'un de ses cousins, Philip Embury, qu'elle avait électrisé par son exemple. Toute la semaine elle travaillait à gagner le pain quotidien, pour apporter ensuite la nourriture spirituelle à une foule toujours grossissante.

Il y a trois églises méthodistes à New-York, sans compter les églises nègres, et l'une d'elles est sur l'emplacement de la pauvre maison de Philip Embury. Quand Barbara Heck mourut très vieille, au Canada, après avoir semé dans ce pays ses croyances religieuses, elle déclara n'avoir jamais perdu vingt-quatre heures de suite le sentiment de son union intime avec Dieu, *the evidence of acceptance with God*, depuis l'âge de dix-huit ans, époque de ce qu'elle appelait sa conversion, parce qu'alors seulement l'esprit lui avait parlé. Je dis aux arrière-petits-enfants de Barbara, qui sont *congrégationalistes*, combien je m'étonne qu'ils aient abandonné l'église fondée par une pareille aïeule. Ils me répondent qu'on passe d'une secte protestante à une autre plus facilement que nous ne pensons, vu qu'il n'existe guère entre elles que des différences administratives. Elles communient toutes ensemble, sauf les baptistes. Ceux-ci se tiennent à l'écart.

Plus j'habite Galesburg, plus j'ai le sentiment de sa ressemblance avec quelque petite ville universitaire d'Allemagne, telles qu'elles étaient avant l'annexion à la Prusse. C'est la même simplicité, la même vénération pour la science et pour ses représentai, les mêmes mœurs patriarcales. L'esprit allemand, dont témoigne une connaissance générale de la langue, prévaut ici du reste comme dans beaucoup d'autres villes américaines : résultat de l'immigration, du séjour plus ou moins prolongé qu'ont fait les professeurs en Allemagne et aussi de ce prestige qui s'attache aux victorieux vus de loin. Le grand nombre ne parle pas français, si quelques-uns se rappellent avec enchantement un rapide passage à Paris.

La présence des professeurs, de leurs mères et de leurs femmes donne un charme sérieux que je goûte infiniment à une ou deux soirées tout intimes. Plus mondain que ses collègues est le lieutenant-instructeur, dont l'uniforme apporte une note gaie dans cette symphonie grise et noire.

Mes questions portent toujours sur le système de la co-éducation avec ses avantages et ses dangers. La jolie femme du président me répond : — Nous ne pouvons pas, mon mari et moi, vous en dire du mal, puisque nous nous sommes rencontrés et aimés au collège.

La fille aînée de mon hôte s'est mariée de la même façon, après avoir conquis tous ses diplômes.

Oui, beaucoup de mariages se décident au collège ; est-ce un mal ? Vaut-il mieux se rencontrer dans le monde, en pleine frivolité ? Ne se connaît-on pas beaucoup mieux et sous des aspects plus intéressants lorsque pendant des années on étudie ensemble ?

— Mais ce sont des mariages prématurés.

— Non pas, ils n'ont lieu que quand la situation de l'homme est faite. La constance des deux parties est souvent mise à longue épreuve.

— Et l'amour ne vous distrait pas du travail ?

Cette réflexion bien française fait sourire. Un Américain ne pense à la femme qu'après avoir pensé à ses devoirs sérieux et d'abord aux moyens de faire vivre cette femme. L'exemple du très jeune président de Knox, qui a remplacé depuis peu un homme universellement estimé que son âge forçait au repos relatif, l'exemple brillant, presque unique d'une situation si considérable atteinte à trente ans, prouve que des fiançailles au collège n'empêchent pas les grands efforts et les grands succès.

On me demande si j'ai rien vu, soit au collège, soit en ville, qui m'ait fait pressentir aucun des inconvénients dont je parle. Assurément non. Eh bien, c'est qu'il n'y a rien ! L'atmosphère de Knox est claire et saine. Chacun respecte la dignité de chacun sans l'intervention de règlements rigoureux. Les nouveaux venus sentent cela très vite, ils comprennent ce qu'on attend d'eux et tout naturellement s'y conforment.

On me parle des hommes distingués que Knox-College a fournis dans des départements divers : les ministres de l'Evangile et les professeurs dominent, c'est-à-dire les gens qui font le moins de cas des jouissances matérielles de ce monde, qui tiennent le plus à la vie de l'esprit.

Ma conclusion, après avoir tout écouté, est que le système ne réussirait pas dans une ville plus grande, où ne pourrait s'exercer une police morale incessante, où les influences religieuses seraient moins directes, où il y aurait des tentations ou seulement des distractions. Les mœurs encore primitives de l'Ouest permettent la réalisation de ce qui serait ailleurs une utopie. Beaucoup d'autres collèges y existent fondés sur les mêmes bases que celui de Knox, et ceci atteste une droiture d'âme, des vertus fraîches et robustes auxquelles il m'a semblé que l'Amérique plus complètement européanisée de l'Est ne rendait pas assez justice.

Des deux côtés, à l'Ouest comme à l'Est, il y a des préjugés, faute de se bien connaître. Un intransigeant de la Prairie ne m'a-t-il pas écrit l'autre jour : — « Revenez-nous et restez plus longtemps. Comme dit ma mère à ses invitées : Au revoir, apportez votre tricot ! — Ce qui m'a plu dans votre première visite, c'a été votre détermination de regarder le peuple d'Amérique et non pas ses snobs. Le véritable Américain n'est pas dans les salons. Dans les petites villes, dans les villages, à la campagne seulement subsistent encore les façons démocratiques, qui le caractérisent. Combien de temps cela résistera-t-il à la marée montante de l'argent et des insolents privilèges ? Je n'en sais rien, mais cela existe dans notre maison de famille (*homestead*) où je passe l'été, mangeant à la même table que la fille de service (*hired girl*) et où le jardinier m'appelle par mon nom de baptême, mon nom le plus haut, dirait Walt Whitman. »

Celui qui parle ainsi, un écrivain de talent, se trouve à merveille de subir les âpres influences d'une ferme dans le Wisconsin. Je suis plus éclectique que lui. Les sauvages senteurs de la Prairie ne n'empêchent pas d'apprécier tels salons de Boston ou de New York ; mais j'ai été souvent révoltée par l'ignorance voulue que des Américaines qui ont dix fois traversé l'Océan y professaient pour les parties encore neuves de leur propre pays, comme si les trésors de l'avenir n'étaient pas enfouis là. Je me suis détachée avec peine de Galesburg, j'y suis retournée de très loin, j'y pense encore avec respect et avec sympathie. Ce serait un grand plaisir pour moi que d'y porter mon tricot, comme on m'invite à le faire en franc parler de l'Ouest.

III.
L'extension universitaire, Chautauqua

Avant de laisser le chapitre des collèges, il me semble indispensable de dire quelques mots d'un mouvement populaire vers la haute culture dont profitent les femmes autant que les hommes. On entend par *university extension* les divers moyens donnés à toutes les classes du peuple pour acquérir une instruction plus étendue que celle des écoles, ou plutôt l'université ainsi comprise est, selon la très juste expression du professeur Moulton, l'antithèse même de l'école : l'école est en effet obligatoire, administrée sous une discipline immuable, tandis que l'université ouverte aux masses est l'éducation des adultes, une éducation volontaire, illimitée, appliquée à la vie tout entière.

L'Angleterre inaugura ces méthodes qui consistent en conférences, en exercices hebdomadaires, questions et réponses, le tout se terminant par l'examen qui permet de recevoir un certificat d'études. Dès 1850 le mouvement s'était produit, mais l'Université de Cambridge ne l'organisa complètement que plus de vingt ans après ; Oxford suivit son exemple, puis une société se forma à Londres pour l'extension d'un enseignement qui réussissait au-delà de tout espoir ; il a depuis lors gagné l'Ecosse, l'Irlande ; enfin il se transporta aux Etats-Unis, commençant dans la ville si lettrée de Baltimore.

Le docteur Herbert Adams, — qui a bien voulu me faire visiter l'université de Johns Hopkins, où j'ai été accueillie avec une inoubliable courtoisie par le président Gilman — le docteur Adams, professeur d'histoire, me raconte comment, durant l'hiver de 1887 à 1888, la jeunesse de la ville se réunissait tous les quinze jours pour entendre des lectures sur l'histoire du XIXe siècle. Une autre série de conférences sur le progrès du travail manuel fut ensuite dédiée aux centres industriels qui entourent Baltimore. Bientôt cependant on reconnut que ce genre d'instruction ne doit être donné à aucune classe spéciale, ouvrière ou autre, mais bien à tous, sans souci de la profession de chacun.

Tel fut l'esprit qui dirigea les cours subséquemment organisés avec l'aide de ces associations chrétiennes de jeunes gens qui existent dans chaque ville. Le mouvement s'est accentué de plus en plus jusqu'à ce jour, tous les collèges prêtant leurs professeurs. Pour voir quelles proportions colossales peut prendre en Amérique un grain de sénevé emprunté au vieux monde, il faut jeter les yeux sur l'Assemblée de Chautauqua.

Au moment même où, comme je l'ai déjà montré, Boston préparait dans un cercle restreint l'acclimatation des méthodes anglaises (1873), une idée grandiose germait dans l'esprit de l'évêque méthodiste J.-IL Vincent. Elle se manifesta d'abord par une assemblée d'été tenue au bord du lac Chautauqua pour renseignement de la Bible. Cette espèce d'école du dimanche organisée dans les bois fut le point de départ d'une université populaire qui, en vertu de la charte qu'elle a reçue de l'État de New-York, peut conférer des degrés. Le campement est devenu une sorte de station estivale où chaque année le chemin de fer de l'Erié et de nombreux bateaux à vapeur amènent par milliers les étudiants autour de leurs maîtres. Ils trouvent là des hôtels, des musées, des gymnases, des salles d'assemblée, un « Hall de la Philosophie », un « Parc de la Palestine », des plaisirs de toutes sortes : excursions, régates, feux d'artifice, le tout annoncé, prôné un peu trop bruyamment peut-être ; mais, s'il est vrai que la fin justifie les moyens, il faut tout pardonner à l'évêque Vincent.

Persuadé que la vie est une école, avec des influences éducatrices qui agissent du berceau à la tombe, il veut favoriser ces influences en tenant compte des capacités de chacun et des circonstances qui l'environnent. Toute science nous conduit à Dieu pourvu que nous la reportions à lui.

Il n'y a pas d'âge qui n'ait le devoir d'aspirer au développement de l'intelligence. Quiconque, dans la vieillesse même, sentie besoin d'une direction en ce genre y a droit autant que les plus jeunes, et une récompense équitable doit être donnée à ses efforts. L'assemblée de Chautauqua ajoute donc au travail par correspondance une réunion annuelle favorisant des classes et des examens qui aboutissent à une sorte de diplôme. Cette assemblée s'ouvre le premier mardi d'août et dure plusieurs semaines dans un site qui attirerait la foule par ses seules beautés pittoresques. Je ne m'y suis malheureusement pas trouvée à l'époque où la multitude partie du Temple et de Jérusalem, ou bien descendue des bateaux qui sillonnent le lac, monte à travers le bois sacré de Saint-Paul jusqu'au hall qui forme le centre du cercle enchanté pour assister aux exercices dits de la Table-Ronde, lesquels commencent toujours par une prière et se terminent par des hymnes. Laissons parler M. John Vincent :

«...Chaque chaise est occupée, longtemps avant l'heure ; des bancs sont traînés dehors, des châles étendus sur le sol. Un grand nombre reste debout. C'est un beau spectacle que cette masse humaine pressée autour de l'édifice tout blanc, dans la verdure des arbres, avec le lac un peu plus loin et les rayons du soleil couchant qui se jouent sur le feuillage mobile, sur toutes ces figures illuminées. On pense malgré soi, en écoutant, à un autre lac au bord duquel la parole fut distribuée à des hommes de bonne volonté. »

Il y a un apôtre chez l'évêque Vincent, et aussi un voyant qui vit dans la contemplation d'un Chautauqua quasi céleste où, par la grâce de l'électricité, les populations de l'avenir seront transportées en un clin d'œil pour assister aux merveilles perfectionnées du téléphone, du phonographe, du microphone, etc. ; où les flammes changeantes des fontaines lumineuses se mêleront aux eaux vives du lac ; où toutes les langues seront enseignées par des méthodes naturelles, chacun pouvant voyager dans les quartiers allemand, français, italien et autres qui feront de cette université modèle un monde. Chacun pourra de même entrer dans une église commune, consacrée au libre esprit de charité qui rassemblera toutes les sectes chrétiennes et où les liturgies de tous les âges auront leur place, sans préjudice des manifestations improvisées. Les espérances du docteur Vincent ne s'arrêtent pas, on le voit, au « Chautauqua local et littéral », elles embrassent le « Chautauqua des idées et des inspirations », si haut placé qu'il n'est plus de la terre. Ce naïf et généreux enthousiaste aurait pu rivaliser avec Pierre l'Ermite, et c'est une croisade moderne qu'il prêche en effet. Chautauqua a maintenant de tous côtés des succursales, — résidences d'été dont on vante pêle-mêle les ressources diverses : culture, religion, musique, promenades et restaurants. L'élan qu'a su donner l'évêque Vincent est au fond le même qui amena jadis les revivals, les réveils spirituels, et il s'est produit sous les mêmes influences méthodistes, mais étendues cette fois à toutes les églises comme à toutes les branches du savoir humain. Le goût de l'Amérique pour ce qui est *sketchy*, esquissé à la légère, pourvu que le dessin soit immense, illustré de réclames, favorable au commerce et coloré à souhait, doit se donner carrière parmi les 200 000 Chaulauquans qui se vantent d'avoir des adeptes jusque dans l'Inde, le Japon, l'Afrique du Sud et les îles du Pacifique ; mais on ne peut nier que ce campement d'un peuple, autour de la science, fût-elle vulgarisée à l'excès, n'ait de la grandeur. Il faut, quoi qu'on puisse penser d'un certain abus de fanfares, saluer l'homme de bien qui a dit : « C'est la mission du vrai réformateur, du vrai patriote, du vrai chrétien, d'offrir la science et la liberté, la littérature, l'art et la vie religieuse, à tout le peuple, partout. »